LAGE, LAGE, LEADERSHIP

SVEN ODIA

LAGE, LAGE, LEADERSHIP

Meine unwahrscheinliche Karriere in der Immobilienbranche

MURMANN

INHALT

EINLEITUNG

VOM AUSZUBILDENDEN ZUM CEO

MEINE UNWAHRSCHEINLICHE KARRIERE IN DER IMMOBILIEN-BRANCHE

Über 27 Jahre lang war ich ein Teil der Engel & Völkers-Familie, die letzten neun Jahre davon als Vorstandsvorsitzender des Unternehmens. Projekte anzustoßen und Entscheidungen zu treffen, gehörte zu meinem Alltag. Oft musste es sehr schnell gehen, manchmal hatte ich mehr Zeit zum Überlegen. Immer mal wieder aber musste ich mir einen Rat von außen holen, um einen Schritt weiter zu kommen. So war es auch am Ende meiner E&V-Reise, im Frühjahr 2024, in Barcelona.

Zwei Tage zuvor hatte die Unternehmenszentrale in Hamburg in einer Mitteilung bekannt gegeben, dass ich als Präsident des Unternehmens ausscheide. Meinen Posten als CEO hatte ich bereits ein paar Monate zuvor abgetreten, nun war es Zeit für mich, ganz rauszugehen. Wie meine Karriere oder vielleicht besser gesagt mein Leben nach der Karriere aussehen könnte, davon hatte ich allerdings noch überhaupt keine Ahnung. Ich war noch nicht dazu gekommen, neue Pläne zu schmieden. Rund um meinen Abschied gab es zu viele Gespräche zu führen und Übergaben zu organisieren. Nun sickerte es nach und nach ein, dass vor mir ein neuer, gänzlich unbeschriebener Abschnitt lag und ich diese Situation zuletzt kurz vor dem Abitur hatte, als nicht klar war, in welche Richtung es nach dem Abschluss gehen würde. Bis zum Ende des Jahres hatte ich mich vertraglich zwar verpflichtet, eine berufliche Auszeit zu nehmen. Aber ich wollte mir natürlich schon mal Gedanken über die Zeit danach machen.

Selbst etwas gründen? Einen neuen Job antreten, in der Geschäftsführung oder im Vorstand eines anderen Unternehmens? Vielleicht sogar wieder den Schritt ins Ausland wagen? Erste Ideen und Angebote dafür gab es. Aber wäre es tatsächlich sinnvoll, mich gleich ins nächste Abenteuer zu stürzen nach dieser langen und sehr bewegten Zeit? Die mich, einen einst introvertierten Jungen aus einer Ortschaft in Schleswig-Holstein, um die ganze Welt geführt und Begegnungen mit unzähligen Menschen in den verschiedensten Kulturen ermöglicht hat?

Um Ruhe zu finden, war ich nach Barcelona gefahren. Spanien und vor allem die Menschen in dem Land sind mir über all die Jahre privat ans Herz gewachsen und waren in vielerlei Hinsicht mitentscheidend für unseren unternehmerischen Erfolg. An diesem Tag wollte ich anfangen, alles zu sortieren, und dafür war mein Freund und Berater Joachim zu mir gekommen. Kennengelernt haben wir uns vor fast 15 Jahren in Tansania, wo wir gemeinsam mit anderen Managern und Sportlern auf den Kilimandscharo geklettert sind. Richtig intensiv unterhalten haben wir uns zum ersten Mal auf dem Rückweg ins Tal – und dabei erfuhr ich, wie er es sich mit seinem Unternehmen zur Aufgabe gemacht hatte, die Potenziale von Menschen in verschiedenen Führungs- und Verantwortungsbereichen zu analysieren und sie so zu schulen, dass sie passgenau eingesetzt werden können. Seine Methode faszinierte mich. Nach unserer Rückreise aus Afrika habe ich Joachims Expertise deshalb immer häufiger in Anspruch genommen. Er wurde zu meinem wichtigsten externen Sparringspartner. Ohne ihn wäre es aus meiner Sicht nicht möglich gewesen, eine so starke internationale Managementebene aufzubauen und die Führungskräfte über Jahre zu Höchstleistungen zu motivieren.

Bei unserem Treffen in Barcelona nun gingen wir spazieren, wie wir es oft machen, wenn wir uns treffen, entlang der Rambla de Catalunya runter in Richtung Hafen. Es war noch etwas kühl an diesem Tag im April, aber vor etlichen Cafés und Bars saßen schon Besucher und genossen die wärmenden Sonnenstrahlen. Wir sprachen über alles Mögliche – bis Joachim mir erklärte, dass ich unbedingt und ganz bald mein Erlebtes aufschreiben solle. Ich blieb stehen und überlegte. Daran hatte ich noch nicht gedacht. Hätte ich überhaupt genug zu erzählen? Joachim wischte meinen Einwand gleich beiseite. »Natürlich hättest du das«, sagte er. »Du hast dich mit 21 Jahren sehr früh im Ausland selbstständig gemacht und viele Höhen und Tiefen erlebt. Du hast maßgeblich ein Unternehmen mitgestaltet, das zu Beginn deiner Zeit gerade einmal ein paar hundert Personen beschäftigt hat und fast ausschließlich in Deutschland tätig war. Am Ende dagegen waren es mehr als 16 000 Personen in über 30 Ländern, denen du, inklusive ihrer Familien, eine berufliche Heimat gegeben hast.« Entgegen zahlreicher Widerstände sei es mir gelungen, Engel & Völkers in den USA zu etablieren, als einziger Immobilienmakler aus Europa, fuhr er fort. Außerdem hätte ich früh und entgegen der herrschenden Meinungen erkannt, welch große Chancen der frühe Markteintritt in Ländern wie Griechenland nach oder schon während der Krise bot, und die Expansion dort vorangetrieben. Das sei alles keine Selbstverständlichkeit gewesen. »Das hast du mit deinem ganz besonderen Führungsstil, deiner eigenen Art und Weise, Menschen zu motivieren, möglich gemacht. Das könnte auch andere inspirieren«, sagte Joachim.

Während er erzählte, liefen die vergangenen Jahre im Zeitraffer an mir vorbei. Die Fakten und Daten kannte ich natürlich. Aber so, wie er es jetzt zusammenfasste, hatte ich meine Arbeit noch nicht betrachtet. Am nächsten Morgen begann ich, meine Erinnerungen und alten Kalender durchzugehen und mir erste Notizen zu machen. Dann setzte ich mich an meinen Laptop und schrieb ein paar Seiten. Von da an wurde das zu meiner neuen Routine. Jeden Vormittag für ein paar Stunden, drei Monate lang. Dabei wurde mir auch noch mal bewusst, wo Engel & Völkers stand, als ich 1997 als Auszubildender einstieg.

Die Gründung von Engel & Völkers

Damals war das Unternehmen bereits 20 Jahre alt. Dirk Engel, einer der beiden Namensgeber, hatte den Grundstein 1977 gelegt als Vertreter eines US-Maklers in den Hamburger Elbvororten, um ausländische Immobilien an deutsche Käufer zu vermitteln. Weil das aber nicht lief wie erhofft, fokussierte sich die Engel & Cie stattdessen auf den regionalen Markt. 1980 zog der Gründer um in eine leer stehende Villa in der Elbchaussee 414. Das Haus hatte eine Zeit lang als Altenheim gedient und war in einem schlechten Zustand. Engel aber sah darin das Potenzial, eine für ihn angemessene Repräsentanz aufzubauen. Er übernahm es, baute es um und fragte seinen Freund Christian Völkers, damals 25 und am Ende seines BWL-Studiums, ob er nicht mit einsteigen wolle. 1981 gründeten sie Engel & Völkers. Das Unternehmen wurde im Handelsregister unter der Nummer HRB 21227 eingetragen, und eine stilisierte Version der Fassade der Bürovilla wurde Teil des Logos. Sie ist es bis heute.

Mit der Zusammenarbeit der beiden begann, was die Kultur des Unternehmens über Jahrzehnte mit prägen sollte: Die Übergänge zwischen dem beruflichen und dem privaten Leben waren fließend. In dem Stockwerk über dem Büro richtete Dirk Engel seine Wohnung ein, in der ab sofort regelmäßig gekocht und die auch als Lager für Akten genutzt wurde. Zusammen wollten sie dem schon damals miserablen Image der Branche etwas Positives entgegensetzen. Sie kleideten sich stets korrekt und traten kompetent, höflich und verbindlich auf. Nicht andere Immobilienmakler waren ihre Vorbilder, sondern Privatbanker, die sich mit ihrer exklusiven und diskreten Dienstleistung an vermögende Privatkunden richten. An diese Kunden wollten Dirk Engel und Christian Völkers hochpreisige Immobilien vermitteln. Derart spezialisiert und räumlich fokussiert auf die Elbvororte hatte sich zuvor kein Immobilienmakler in Deutschland – und die Köpfe dahinter wollten mit ihrem Konzept selbst zur Marke werden.

Dirk Engels Tod und Christian Völkers' »Fibel«

Mitte der 80er-Jahre allerdings stand von einem Tag auf den anderen alles auf der Kippe. Dirk Engel beging Suizid. Wie die Mitarbeiter anschließend erfuhren, hatte der damals 33-Jährige, der im Alltag auch cholerisch reagiert hatte, an einer schweren Depression gelitten. Schockiert von dem plötzlichen Tod, zog sich Völkers für mehrere Monate in das Ferienhaus seiner Eltern auf Mallorca zurück. Er wollte sich klar darüber werden, ob er auch ohne seinen Partner weitermachen könnte. Und falls ja, wie. Seine Antwort war ein fast 400 Seiten dickes, auf der Schreibmaschine verfasstes Buch. Er nannte es seine »Fibel«. Damit wollte er kompensieren, was die Firma verloren hatte. Während er bis dato nämlich hauptsächlich im Hintergrund agiert hatte, war Dirk Engel das öffentliche Gesicht des Unternehmens. Er war draußen bei den Kunden, führte die Gespräche, warb potenzielle Hausverkäufer an und führte Besichtigungen durch. Es war eine Rolle, die ihm leichtfiel. Engel war ein charismatischer Verkäufer, hochgewachsen und mit blonden Haaren, der schnell eine Verbindung zu anderen Menschen aufbauen konnte.

Weil das nun fehlte, arbeitete Christian Völkers in seiner Fibel die Regeln aus, an die sich die Mitarbeiter von Engel & Völkers künftig zu halten hatten. Es war ein enges Korsett, in dem alle wiederkehrenden Prozesse beschrieben waren, die bei der Akquise, dem Erstgespräch, dem Vertragsabschluss und sämtlichen Schritten dazwischen auftreten können. Selbst kleinste Details ließ Völkers nicht aus. So sollte zum Beispiel das »Türprozedere« regelmäßig geübt und geschult werden. Dazu gehörte das richtige Öffnen der Eingangstür, das Abnehmen der Garderobe, das Hereinbitten in den bereits beleuchteten Besprechungsraum und das korrekte Servieren des Kaffees. Punkt 3.1.1. erklärte die Bedeutung der Telefonistin. »Die Telefonistin repräsentiert das Unternehmen im Erstkontakt beim Kunden ... Die Telefonistin sollte nicht zu jung sein – ideal ist ein Alter zwischen 30 und 50 Jahren. Ihr äußeres Erscheinungsbild muß über alle Zweifel erhaben sein, gepflegt, ohne dabei zu sehr dekoriert zu sein.«

Unter »4.2.2. Mobiliar« hieß es zum Interior der damaligen Büros: »Details der Einrichtung: Blumenstrauß und Grund Genug Ausgaben im Entree, Besucherzimmer: Teller mit E&V Streichholzbriefchen, E&V Schreibblocks, E&V Bleistifte, E&V Bonbons, Grund Genug Ausgaben, Sotheby's Ausgaben, E&V Aschenbecher. Evtl. regional bezogene Fachbücher als Dauerauslage zum Blättern (Beispiel Elbe: ›Die Elbchaussee‹, ›Hamburg aus der Luft‹ etc.), Bewirtung mit E&V Geschirr.«

Unter Punkt 4.3.5. ging es darum, wie Streichholzpäckchen als Werbe- und Marketinginstrument einzusetzen sind: »Die Engel & Völkers Streichhölzer sehen attraktiv aus. Der den Streichhölzern zu entnehmende Informationsgehalt beschränkt sich auf Firmennamen, das House of Sotheby's sowie auf die Adressen der einzelnen Büros. Die Streichhölzer dienen ausschließlich der Imagewerbung ... darüberhinaus sollte jeder E&V Mitarbeiter stets 3 Streichholzheftchen bei sich tragen, die er für jeden nur möglichen Anlaß privat oder geschäftlich liegen läßt.«

Mit seiner Fibel ging es ihm weniger um Kontrollzwang und mehr um die Standardisierung seiner Dienstleistung. Er wollte das, was sich als erfolgreich erwiesen hatte, systematisieren und von einzelnen Personen unabhängig machen. Was er damals noch nicht ahnen konnte: Mit seinen Überlegungen legte er die Basis für das Franchisemodell, das wir später gemeinsam in vielen Ländern ausrollen sollten. Aus dem tragischen Verlust seines Freundes und Geschäftspartners war ein Baustein für die nationale und internationale Expansion entstanden.

Große Pläne

Über die Historie und die möglichen Perspektiven des Unternehmens wusste ich zu Beginn meiner Laufbahn kaum etwas. Ich war 20 Jahre alt und hatte gerade mal mein Abitur in der Tasche und den Zivildienst hinter mir, aber keine Berührungspunkte mit der Branche. Das änderte sich während meiner Ausbildung, vor allem gegen Ende, durch ein Praktikum auf Mallorca. In diesen Wochen regte sich erstmals der Unternehmer in mir, den ich bis dahin selbst nicht kannte. Ich fragte mich, was möglich wäre, wenn ich nicht abhängig von den Aufgaben und Aufträgen anderer wäre, sondern selbstständig handeln und Immobilien akquirieren und vermitteln könnte. Auf eigene Faust und auf eigenes Risiko.

Diese Ambition hat sich durch meine gesamte Zeit bei Engel & Völkers gezogen und gipfelte in einem Versprechen, das wir uns 2005 auf dem Weg zu einer großen Immobilienkonferenz in Chicago gaben. Christian und ich kamen gerade aus Dubai zurück, wo zu der Zeit atemberaubend viel passierte und wir unbedingt geschäftlich dabei sein wollten. Unsere Presse- und Kommunikationschefin Bettina hörte sich auf dem mehrstündigen Flug von Frankfurt nach Chicago unsere euphorischen Erzählungen an, bis sie schließlich leicht provozierend fragte, wann wir denn gedenken würden, Weltmarktführer sein zu wollen? In den darauffolgenden Minuten redeten wir wild und gestikulierend durcheinander und einigten uns darauf, dieses Ziel sogar noch toppen zu wollen. Von da an war es bis zu meinem Abgang der Plan, unangefochtener Weltmarktführer zu werden.

Erreicht haben wir dieses Ziel in all den Jahren nicht. Natürlich nicht, mögen manche Kritiker sagen, denn dafür waren die Chancen für ein familiengeführtes Unternehmen aus Deutschland ohnehin zu gering. Trotzdem glaube ich, dass es richtig war, unsere Vision so groß zu formulieren und an ihr stets festzuhalten. Denn dieser Anspruch hat gerade Christian Völkers und mich und auch viele andere in der Führungsmannschaft nicht nur zusammengeschweißt und durch Krisen getragen. Er war auch wichtig, um immer wieder versierte und ebenfalls hochmotivierte Führungskräfte für uns zu gewinnen.

Nach außen hin, wenn wir Interviews gegeben, in Podcast von uns berichtet oder auf der Bühne gestanden haben, sind wir zurückhaltender aufgetreten. Da ging es vor allem darum, andere glänzen zu lassen: das lokale und regionale Management sowie die Führungskräfte der Landesorganisationen – und allen voran unsere vielen erfolgreichen Franchisenehmer und Immobilienberater, die täglich zum Erfolg beitrugen. Aber intern formulierten wir unsere Vorhaben offensiver und leiteten unser Handeln von diesem einen Nordstern ab. Und ich bin überzeugt: Ohne diesen Nordstern, – die unangefochtene Weltmarktführerschaft – hätten wir deutlich weniger erreicht.

Selbstverständlich habe ich in meiner Karriere auch Glück gehabt. Nicht alles, was man am Ende als Erfolg definiert, hängt ja allein vom eigenen Können ab. Vieles ist Teamarbeit, und manches beruht auf günstigen Fügungen und zufälligen Begegnungen, die man so nie hätte planen können. Es ist wichtig, sich dieser Tatsache bewusst zu sein. Wahr ist aber auch, dass man es selbst in der Hand hat, was man aus Glück und Zufällen macht. Ob man jederzeit aufmerksam und bereit ist, Gelegenheiten zu erkennen, ob man also eine Vorstellung davon hat, wie sich das, was man gerade erlebt, gewinnbringend einsetzen lässt, um seinem größeren, selbst formulierten Ziel ein Stück näher zu kommen. Und schließlich, ob man in der Lage ist, die theoretische Chance tatsächlich in die Praxis umzusetzen. So betrachtet gehen Glück und Können Hand in Hand. Im Idealfall befruchten sie sich gegenseitig: Glück legt Möglichkeiten frei – und wenn man diese ergreift, entsteht neues Glück, aus dem man dann wieder schöpfen kann.

Das Timing ist entscheidend

Was hilft, um diese positive Spirale in Gang zu setzen, ist das richtige Timing. Das Gespür dafür, wann der entscheidende Moment gekommen ist, um etwas zu tun oder zu lassen, lässt sich nicht in Gänze lernen, so meine Erfahrung. Das ist ähnlich wie beim Musikmachen in einer Band oder einem Orchester. Wer ein gewisses Taktgefühl mitbringt, ist immer besser darin, die Noten zu treffen und daraus mehr zu machen als die bloße Aneinanderreihung von Tönen – und dabei muss ich erwähnen, dass ich überhaupt kein Taktgefühl habe und ein miserabler Tänzer bin. Aber wie so oft gilt auch hier: Übung ist unerlässlich und führt zu besseren Ergebnissen. Je mehr Entscheidungen man trifft, desto klarer und schärfer wird der Blick dafür, wann und wo sich eine Investition oder der Aufbau eines neuen Teams lohnen. Dabei sollte man sich auch daran erinnern, dass die Wirtschaft immer in Zyklen verläuft. Kein Boom und keine Krise halten ewig an. Nach einem Aufschwung normalisiert sich die Konjunktur wieder, und nach einem Niedergang sieht man irgendwann wieder Licht am Ende des Tunnels. Diese Wahrscheinlichkeiten hat uns die Geschichte gelehrt – und man sollte sie sich zunutze machen. Heißt: nicht immer wie die Lemminge hinter der Mehrheit hinterherlaufen, und schon gar nicht blind. Sondern die Augen offen halten und sich ständig fragen, welche Chancen das Auf und Ab bietet. Was wäre, wenn man jetzt sofort in einen Markt einsteigt, der von allen anderen gemieden wird, weil er aktuell am Boden liegt? Was würde passieren, wenn man ein Geschäft abstößt, obwohl es aktuell noch Gewinne erwirtschaftet? Diese Überlegungen machen einen Unternehmer aus und lassen sich nach einem ersten Impuls häufig durch Zahlen und Fakten objektivieren, sodass man sein Bauchgefühl ein Stück weit auf den Prüfstand stellen kann. Wie ich später noch zeigen werde, ist es mir in meiner Zeit bei Engel & Völkers einige Male geglückt, mich mit dieser Mischung aus Intuition und Verstand gegen die Einschätzungen von Kolleginnen und Kollegen durchzusetzen – und das Unternehmen so weiter voranzubringen.

Führung, Fehler und Wertschätzung

Habe ich dabei Fehler gemacht? Selbstverständlich. Jeden Tag sogar. Das geht kaum anders, und das muss man sich eingestehen. Klar ist aber auch, dass sich die Folgen dieser Fehler in Grenzen halten sollten und man richtig mit ihnen umgehen muss. Was meine ich damit? Genau so, wie man Erfolge feiern und diese innerhalb des Unternehmens mit sich selbst verbunden sehen möchte, ist es wichtig, sich dazu zu bekennen, wenn man danebenlag mit Personalentscheidungen, Investitionen oder anderen Ideen. Unternehmerisch zu handeln, bedeutet, auch dafür Verantwortung zu übernehmen. Damit das möglich wird und gelebt werden kann, bedarf es natürlich eines gewissen Muts seitens aller Mitarbeiter und einer Kultur der Wertschätzung. Feedback und insbesondere Kritik müssen angemessen und direkt formuliert werden. Harsche, überzogene Worte oder gar Beleidigungen haben einen gegenteiligen Effekt, und deshalb war ich immer bemüht, nicht laut zu werden oder jemanden bloßzustellen, wenn mir etwas nicht gefallen hat. Nun entspricht das einerseits sicherlich meinem Charakter. Andererseits aber war es mir im Sinne des Unternehmens und der Zusammenarbeit wichtig, in Gespräche und Meetings mit offenem Visier zu gehen und in der jeweiligen Runde alles Notwendige anzusprechen. Wofür ich kein Verständnis hatte, war, wenn Kollegen nach einer Besprechung zu mir kamen und erklärten, dass sie in einer größeren Runde nicht so offen wie nötig waren und ihre Antworten auf Fragen oder Präsentationen anders hätten formulieren sollen. Das führt nur zu unnötigen Missverständnissen und Reibungen untereinander.

Gemeinsam an einem Strang zu ziehen, ist in unserem Geschäft von immenser Bedeutung. Denn wie jeder vom Vertrieb getriebene Sektor unterscheidet das Geschäft hier nur nach zwei Kriterien: Zusage oder Abfuhr. Erfolg oder Misserfolg. Null oder eins, wie im Digitalen. Entscheidet sich ein Suchkunde für das von mir angebotene Objekt? Oder erwirbt er beim Wettbewerber ein Objekt? Dazwischen liegt nichts. Kein Kompromiss. Wenn ich den Zuschlag als Immobilienberater nicht erhalte, verdiene ich nichts, trotz der – vielleicht wochenlangen – Arbeit, die ich zuvor reingesteckt habe. Diesem Druck muss man standhalten, und mit diesem potenziellen Frust muss man umgehen können. Das gelingt nicht jedem und jeder gleich gut. Einige sind resilienter, andere feinfühliger. Aus diesen beiden Gründen ist mein Business, in dem es vordergründig bloß um Wohnungen und Häuser aus Stein und Beton zu gehen scheint, im Kern tatsächlich ein People's Business: Zum einen muss ich täglich Menschen davon überzeugen können, dass unser Unternehmen – und kein anderes – die richtige Plattform für ihre Hoffnungen, Wohnwünsche und Immobilienträume ist; neben den finanziellen Fragen geht es ja auch immer um die Verwirklichung von individuellen Vorstellungen, die weit über das Materielle hinausreichen. Ganz ähnlich wie beim amerikanischen Traum: Jeder Immobilienberater sollte unserer Vorstellung nach durch seine eigene Leistung und Entschlossenheit auf unserer Plattform alles erreichen können, sozial wie wirtschaftlich.

Zum anderen muss ich als Führungskraft immer wieder aufs Neue lernen und verstehen, wie meine Mitarbeiter ticken und drauf sind. Was treibt sie an? Was hindert sie daran, das Beste geben zu können? Und: Was kann ich tun, um sie zu motivieren? Wenn sie belastet durch private Probleme in ein Verkaufsgespräch oder eine Besichtigung gehen, haben sie es schwer, sich zu fokussieren. Das ist menschlich und wahrlich nicht schwer nachzuvollziehen. Und trotzdem neigen Führungskräfte dazu, das Thema nicht oben auf ihre Agenda zu setzen. Ich halte das für falsch. Denn: Kaum jemand kann mit Fakten und Strategien alleine begeistern. Wer hingegen die von ihm formulierten Ansprüche und Werte auch selbst lebt, ist glaubwürdiger und deshalb überzeugender. Oder anders gesagt: Menschen folgen Menschen. Führungskräfte, die sich nicht nur während des halbstündigen Jahresgesprächs für ihre Mitarbeiter interessieren, haben es leichter.

Das gilt nicht nur für die Immobilienbranche, sondern für jedes Unternehmen, ist aber, so mein Eindruck aus den vergangenen Jahren, längst keine Selbstverständlichkeit mehr. Gerade in Konzernen, wo Manager vor allem damit befasst sind, das Vermögen ihrer Anteilseigner zu verwalten und zu vermehren, ist dieser Führungsstil auf dem Rückzug. Auch deshalb setzte sich die Idee, mit der mich mein Freund und Berater Joachim bei unserem Spaziergang in Barcelona überraschte, sofort fest. So wie er mich inspiriert hat, will ich mit diesem Buch andere Personen einladen, aus meiner Karriere und meinen Erfahrungen der vergangenen 27 Jahre bei Engel & Völkers zu lernen. Ich habe viele Investoren, bestens ausgebildete Manager und hoch bezahlte Berater gesehen und kennengelernt, die das Wesentliche unseres Geschäftsmodells, nämlich die Befähigung von Menschen, ihre eigene Erfolgsgeschichte zu schreiben, überhaupt nicht verstanden und verfolgt haben. Im Vertrieb wie in der gesamten Wirtschaft geht es um Stimmungen, um den einzigartigen Spirit, die Atmosphäre. Menschen sehnen sich nach Führung, aber Menschen mit Führungsverantwortung müssen erkennen, dass Inspiration und Motivation viel erfolgreicher sind, als Dinge aufzuoktroyieren. Ich habe mich immer als Dienstleister, Coach und Sparringspartner für mein Management gesehen und wollte Impulse geben. Als CEO der klassische Boss zu sein, über dessen Schreibtisch alle Entscheidungen gehen müssen, das ist nicht mein Ansatz gewesen. Mein Titel auf der Visitenkarte als Global CEO war weniger entscheidend als die Tatsache, dass ich das Geschäft der Immobilienvermittlung von der Pike auf gelernt hatte und somit auch inhaltlich überzeugen konnte. Es braucht nicht immer einen Top-Abschluss an einer Elitehochschule, um es nach oben zu schaffen. Es kann auch ohne Studium gelingen. Und sogar nur mit einer einzigen Bewerbung, wie ich gleich erklären werde.

KAPITEL 1

KEIN VORGEZEICHNETER WEG

WIE ICH MIT MEINER SELBSTSTÄNDIGKEIT DEN GRUNDSTEIN FÜR MEINE KARRIERE LEGTE

Die Gründe dafür, warum jemand sich für einen Beruf begeistert, können sehr banal sein. Bei dem einen sind es die Eltern, denen man nacheifern will. Bei der anderen ist es die Freundin, die von einem freien Praktikumsplatz erzählt, auf den man sich dann bewirbt. Bei mir war es das »Grund Genug«-Magazin des hauseigenen Verlags von Engel & Völkers.

Ich weiß noch genau, wie ich damals in meinem vorletzten Jahr in der Schule eine Ausgabe dieses Magazins in die Hand bekam Mein Vater brachte oftmals freitags eine Vielzahl von Architektur- und Interior-Design-Magazinen als Wochenendlektüre mit. Die exklusiven Wohnungen, Häuser und Anwesen, die insbesondere in den Homestorys des »Grund Genug«-Magazins vorgestellt wurden, faszinierten mich beim Durchblättern so sehr, dass ich einen Entschluss fasste: Ich würde eine Bewerbung losschicken für einen der offenen Ausbildungsplätze zum Kaufmann der Grundstücks- und Wohnungswirtschaft. Ich hatte überhaupt keine Vorstellung von der Immobilienbranche oder dem Unternehmen hinter den Hochglanzbildern. Auch kannte ich niemanden, der dort arbeitete. Trotzdem verschickte ich nur diese einzige Bewerbung an Engel & Völkers. Sollte das nicht klappen, würde ich Jura studieren, wie ich es eigentlich vorhatte nach meinem Abitur.

Meine Bewerbung bei Engel & Völkers

Wenn ich später hörte, dass Schulabgänger nicht selten Dutzende oder gar mehr als hundert Bewerbungen schreiben müssen, um einen Ausbildungsplatz zu bekommen, kann ich im Nachhinein nur staunen, wie es bei mir geklappt hat. War es Können oder Glück? Schwer zu sagen. Wahrscheinlich eine Mischung aus beidem, mit

Co4

Engel & Völkers
Personalabteilung / Ausbildung
Mittelweg 120
20148 Hamburg

0 7. Aug. 1996

Sven Odia
Fuchsrute 19
25474 Ellerbek
Tel.: 04101 / 33199

Ellerbek, den 19. Juli 1997

Bewerbung um einen Ausbildungsplatz zum Kaufmann in der Grundstücks- und Wohnungswirtschaft

Sehr geehrte Damen und Herren,

seit geraumer Zeit beschäftige ich mich damit, Informationen über verschiedene Berufszweige zu sammeln. Da ich aufgrund der Ausbildung am Wirtschaftsgymnasium Wendenstraße, die ich im Juni 1997 mit dem Abitur beenden werde, gewissermaßen „vorbelastet" bin, galt mein besonderes Interesse dem wirtschaftlichen Bereich. Aufgrund dieses Interesses und Spaß am Umgang mit sprachlicher Kommunikation, der damit verbundenen Redegewandtheit sowie der Gestaltung von Vorträgen, habe ich die Fächer Deutsch und Wirtschaftslehre als Leistungskurse in der Studienstufe belegt.
Die Ausbildung zum Kaufmann in der Grundstücks- und Wohnungswirtschaft scheint mit deshalb ideal, da ich die Möglichkeit sehe, meine bisher erworbenen Kenntnisse weiterhin gezielt zu vertiefen. Es würde mich reizen, diese dann während und nach der Ausbildung in der Praxis umzusetzen.

Auch Sprachen interessieren mich sehr, da man durch sie die Möglichkeit erhält in vielen Teilen der Erde mit anderen Menschen zu kommunizieren. Außerdem war es für mich wichtig, etwas über die sozialen und gesellschaftlichen Strukturen in den Ländern, deren Sprache ich erlernte, zu erfahren. Dieses halte ich heutzutage gerade in der Wirtschaft für sehr nützlich.
Für mich bietet der Sport einen wichtigen Ausgleich, um auch die körperlichen Fähigkeiten zu trainieren.

Aufgrund meines wirtschaftlichen Interesses habe ich ein Praktikum bei der Commerzbank absolviert. Dieses verstärkte noch meinen Wunsch, mit Publikumsverkehr zu arbeiten. Der gesamte Bereich Kundenberatung und Kundenbetreuung weckte in mir mein Interesse.
Ich wünsche mir natürlich, daß meine Interessen in Verbindung zu dem angestrebten Beruf stehen. Da ich denke, daß Engel & Völkers diese Anforderungen erfüllt, möchte ich mich bei Ihnen um diese Ausbildung bewerben.

Sollte meine Bewerbung Ihr Interesse finden, würde ich mich über eine Einladung zu einem persönlichen Gespräch sehr freuen.

Mit freundlichen Grüßen
Sven Odia

Anlagen
Lebenslauf mit Foto
Kopien der letzten drei Zeugnisse

einem größeren Anteil Glück. Wie gesagt: Ich wusste nicht mal so recht, worauf ich mich da bewarb. Außerdem bat ich beim Korrekturlesen meiner Unterlagen auch noch meinen ehemaligen Deutschlehrer aus der Oberstufe um Hilfe. Aber: Es klappte. Ein paar Wochen später kam die Antwort. Engel & Völkers lud mich zu einem Vorstellungsgespräch ein.

Bei diesem Termin kam ich mir ein wenig vor wie in einer fremden Welt. Alle anderen Bewerber schienen aus dem Westen Hamburgs zu kommen, aus den Elbvororten. Sie wirkten älter und reifer und traten selbstbewusst auf. Ganz so, als ob sie in den Häusern, die ich aus dem E&V-Magazin kannte, aufgewachsen waren. Die meisten erzählten von ihren Aufenthalten als Austauschschüler im Ausland, einige berichteten von ihrem Wehrdienst. Ich dagegen kam aus dem nördlichen Umland, aus der Ortschaft Ellerbek im Kreis Pinneberg, die die anderen wahrscheinlich nicht mal vom Hörensagen kannten. Trotz meiner Bedenken und Verunsicherung wurde ich zur zweiten Runde eingeladen. Offenbar hatte ich bei der Teamarbeit und beim Präsentieren unseres Konzeptes doch ganz gut abgeschnitten und bin den Verantwortlichen positiv aufgefallen.

Über die neue Einladung freute ich mich so sehr, dass ich den Rest des Schreibens nicht so genau las. Ich war mehr damit beschäftigt, das Datum und die Uhrzeit fein säuberlich in den Kalender in der Küche meiner Eltern einzutragen. Wo das nächste Gespräch stattfinden würde? Das war für mich klar. Natürlich wieder in den Räumlichkeiten an der Elbchaussee, wie schon beim ersten Mal. Leider stimmte das nicht.

Als mir am Tag des Bewerbungsgesprächs eine top gekleidete junge Frau die Tür öffnete, schaute sie mich nur mit großen Augen an. Dann gab sie mir sehr höflich zu verstehen, dass der heutige Termin in einer anderen Dependance stattfinden würde, im Büro am Mittelweg an der Alster. Ich nahm meine Tasche und spurtete zum Auto zurück. Während ich wild fluchte und mich über meine Dämlichkeit ärgerte, die mich – so meine feste Überzeugung – ganz bestimmt den Ausbildungsplatz kosten würde, fuhr ich zügig über die Elbchaussee in Richtung Innenstadt. Zugleich überlegte ich, wie ich meine Verspätung am besten erklären könnte. Ein Stau? Ein umgefallener Baum auf der Straße? Ein Tippfehler in dem Schreiben, das ich bekommen hatte?

Am Ziel angekommen, zog ich beim Betreten des Büros natürlich erst mal sämtliche Blicke auf mich. Und manch einer mag gedacht haben, das war's für ihn mit seiner Bewerbung. Wenn er schon zu diesem Termin nicht pünktlich erscheinen kann, wie soll es dann erst später werden? Aber nachdem ich auf diese – nicht unbedingt zu empfehlende – Art und Weise auf mich aufmerksam gemacht hatte, bat ich um Entschuldigung und erklärte, dass ich die Einladung nicht gründlich genug gelesen hatte. Ehrlichkeit währt am längsten, dachte ich mir, und wollte so versuchen, mein Missgeschick wieder geradezubiegen.

Zwei Gespräche standen an dem Tag an: mit der Geschäftsführerin und der Ausbildungsleiterin, die jeweils einen Auszubildenden aus dem zweiten Lehrjahr dabeihatten. Beide wirkten nicht wie Azubis auf mich. In ihren akkuraten Maßanzügen sahen sie aus wie aus einem Ralph-Lauren-Katalog entsprungen und hätten von ihrem Habitus her auch schon in leitender Funktion arbeiten können. Zudem erklärte man mir am Anfang des ersten Gesprächs, dass aus meinem Jahrgang insgesamt mehr als 400 Bewerbungen eingegangen seien – und Engel & Völkers mit gerade mal sechs Kandidaten einen Ausbildungsvertrag abschließen möchte. Trotz des Drucks war meine Nervosität auf einmal wie weggeflogen. Auf der Fahrt nach Hause hatte ich ein gutes Gefühl.

Als ich meinen Vertrag ein paar Wochen später aus dem Umschlag holte, las ich mir diesmal jedes Detail genau durch. Im ersten Jahr gab es 650, im zweiten 850 und im dritten 1050 D-Mark. Ich unterschrieb beide Exemplare und schickte eins an Engel & Völkers zurück. Jetzt musste ich nur noch mein Abitur hinter mich bringen.

Das Ansehen von Immobilienmaklern war schon damals nicht gut. Es rangierte irgendwo zwischen Gebrauchtwagenhändlern und Prostituierten. Einige Freunde meiner Eltern waren deshalb sehr erstaunt über meine Entscheidung. Andere reagierten geradezu geschockt. Warum ich mich nicht zum Bankkaufmann ausbilden lasse, fragten sie. Ihre Bedenken konnten mich allerdings nicht von meinem Vorhaben abbringen. Ich war überzeugt davon, dass Engel & Völkers perfekt zu mir passen würde. Ein Vertriebsunternehmen mit einem besonderen Produkt, das war das, was ich wollte. Ein paar Wochen später machte ich mein Abitur, noch mal knapp drei Monate später, am 1. August 1997, begann meine Ausbildung.

Es geht los: Meine Ausbildung bei Engel und Völkers

Die Geschäftsführerin und die Ausbildungsleiterin begrüßten uns in der neuen Zentrale an der Stadthausbrücke in der Innenstadt. Es roch nach Farbe, einige herumstehende Umzugskartons waren noch nicht ausgepackt, und man merkte, dass sich alle auf den Stockwerken und Fluren erst zurechtfinden mussten. Wir waren zu sechst, drei Jungs und drei Mädels, und zu meiner Überraschung kannte ich einen von ihnen aus einer früheren Schule. Was ich damals natürlich noch nicht wissen konnte: Timo sollte später eine entscheidende Rolle bei unserem Einstieg in den USA spielen.

Anschließend ging es für uns zurück zur Elbchaussee. Dort durchliefen wir zwei Wochen lang die E&V-Akademie. Besonders beeindruckt war ich von dem Vertriebstraining. Der Trainer hatte eine enorme Energie und wirkte sehr überzeugend. Er sprach stundenlang von einem Drei-Phasen-Modell, vom »Pencil Selling« und der Farbenlehre in Bezug auf die Kaufmotive. Mit seinem Wissen über die Verkaufspsychologie forderte er uns immer wieder heraus. Bisweilen fühlte es sich an, als ob er unsere Gedanken lesen konnte. Ich saugte jedes Wort auf wie ein Schwamm. Noch Jahre später habe ich meine Suchkunden nach seiner Methode eingeteilt und hinter deren Suchkriterien die Farben Rot, Blau oder Grün im EDV-System vermerkt. Rot beispielsweise stand für den prestigeorientierten Käufer – ich könnte noch heute seine Kriterien aufzählen, anhand derer man diesen Typ erkennt. Unseren Trainer haben wir noch Jahre später wie einen Vertriebsgott verehrt.

Nach der Akademie ging es für mich in den Immobilien-Shop nach Blankenese. Büroleiter Nils war schon lange in der Branche tätig und vor ein paar Jahren von einem Wettbewerber zu uns gewechselt. Das Konzept der Immobilien-Shops war erst ein paar Monate zuvor eingeführt worden, und einige Immobilienberater haderten noch damit. Konnten sie sich zuvor in einem schönen, fast anonymen Büro hinter dicken Mauern verstecken, saßen sie jetzt gut sichtbar für die Kunden hinter einem Schaufenster in einer beliebten Einkaufsstraße. Das Team war für den Verkauf in den Elbvororten zuständig und hierarchisch unterteilt: Wer oben saß, kümmerte sich um die höherpreisigen Objekte, wer unten seinen Platz hatte, betreute die günstigeren Immobilien. Die Frauen – es waren ausschließlich Frauen – machten es dem Büroleiter nicht leicht. Eine sehr energische Dame von oben wiederholte immer und immer wieder, dass sie sich wie ein Fisch im Aquarium fühlen würde und dass jetzt sogar Bekannte ihr im Vorbeigehen bei der Arbeit zusehen könnten. Nils hörte sich alles geduldig, fast schon mit einer stoischen Ruhe an und versuchte immer wieder, sie zu beruhigen.

Mein Platz in dem kleinen Vermietungsteam war ganz vorne, direkt an der Schaufensterscheibe. Es bestand aus einer Auszubildenden im zweiten Ausbildungsjahr und einer Immobilienberaterin für den Bereich Vermietung. Ich hoffte, meine Kenntnisse aus der Akademie zum Besten geben zu dürfen, doch zu meiner Enttäuschung wurde ich nicht gleich auf die Kunden losgelassen. Die nächsten Wochen waren geprägt davon, Mietverträge zu erstellen, natürlich auf einer Schreibmaschine. Dafür bekamen wir Auszubildenden einen Kurs in den Abendstunden inklusive abschließender Prüfung und Zertifikat. Ich war jetzt ein Zehn-Finger-Schreiber, der nicht mehr laufend nachsehen musste, wo auf der Tastatur die einzelnen Buchstaben liegen.

Auch die Exposés für Vermietungsobjekte wurden mir übertragen. Nach dem ersten Mal verstand ich, warum die Berater diese Tätigkeit dankbar an mich delegierten. Es war eine lästige, umständliche Aufgabe. Zunächst musste ich die Textbausteine am Computer schreiben, danach ausdrucken und dann mit der Schere ausschneiden, um sie auf ein stabiles, DIN-A3-großes Papier kleben zu können. Die dazugehörigen Fotos wurden in einem Fotoladen entwickelt. Man musste den Film hinbringen, die Bilder ein paar Tage später abholen, die besten auswählen und diese dann aufkleben. Danach ging es zum Kopierer und der größten Herausforderung: Es galt, die Vorlage und das vorgedruckte Exposépapier – natürlich mit der Aufschrift »Zu vermieten« – in die jeweils richtigen Fächer des Kopierers zu legen. Leider kam das gewünschte Ergebnis oft nicht im ersten Anlauf heraus.

Nach dem Beginn in Blankenese und an der Berufsschule ging es für mich in den Gewerbebereich. Statt der Vermittlung wunderschöner Wohnobjekte in den Elbvororten sollten es jetzt meist unausgebaute Laden- und Büroflächen sein. Ich merkte schnell, dass es zwei Welten bei der Vermittlung von Immobilien gab, die Wohn- und die Gewerbewelt, und beide hatten jeweils wenig Verständnis und Achtung füreinander übrig. »Hey, wir sind die Profis und haben es auch nur mit Profis zu tun«, erklärten die Gewerbeleute. Sie schauten abfällig auf die Wohnleute, deren Geschäft aus ihrer Sicht nur emotional getrieben war. In manchen Gewerbebereichen in Hamburg war es eine eingeschworene Männertruppe. Die Wohnwelt hingegen wurde von Frauen dominiert. Ich merkte schnell, dass mein Herz für den Bereich Wohnimmobilien schlug. Die Ästhetik einer schönen Hausfassade oder ein traumhaft angelegter Garten begeisterten mich sehr viel mehr als die Renditeerwartung eines Investmentobjekts oder die Gestaltungsmöglichkeiten einer Bürofläche.

Eine andere Aufgabe, die wir Auszubildenden regelmäßig übernehmen mussten, war der Dienst in der zentralen Telefonanlage in der neuen Unternehmenszentrale. Das war Stress pur. Die Anlage war riesig und bestand aus unzähligen Tasten. Mobiltelefone waren kaum verbreitet, E-Mails ebenfalls nicht, und so kam es, dass in den Stoßzeiten weit mehr als 100 Personen pro Stunde anriefen und mit Ansprechpartnern verbunden werden oder direkt Auskunft bekommen wollten. Während ich also gerade noch in einem Gespräch war oder eins an einen Kollegen weiterleitete, sah ich im Display schon, dass weitere Personen in der Warteschleife drängelten. Dazu kam, dass wir handschriftlich Telefonlisten führen und die Frankiermaschine für den Postausgang bedienen mussten; zu dieser Zeit wurden täglich Hunderte Briefe und Exposés per Post versandt. Wenn dann noch Christian Völkers, der Gründer des Unternehmens, persönlich in der Warteschleife war, was man anhand seiner Telefonnummer auf dem Display erkennen konnte, stieg der Druck zusätzlich. Denn er hatte überhaupt kein Verständnis fürs Warten und wollte sofort weiterverbunden werden.

Ein Abstecher nach Mallorca

Ein Jahr nach meinem Start flog ich im Sommer 1998 für ein zweiwöchiges Praktikum nach Mallorca. Jeder von uns Auszubildenden durfte in diesem Jahrgang ein solches Praktikum außerhalb Hamburgs und zum Teil auch bei einem Wettbewerber machen. Das Unternehmen, das ich mir ausgesucht hatte, war zu diesem Zeitpunkt Marktführer und hatte mehrere Büros auf der Insel. Ich absolvierte das Praktikum in Port d'Andratx, im Südwesten der Insel. Ich kannte mich dort gut aus, weil meine Eltern und ich schon oft unsere Urlaube in dem Fischerort verbracht hatten. Über eine Unterkunft musste ich mir ebenfalls keine Gedanken machen: Ich konnte in unserer Ferienwohnung wohnen.

Der Büroleiter war ein eloquenter und lustiger Holländer, der viel Zeit mit ausgiebigen Lunchterminen verbrachte und selten im Büro auftauchte. Oft war ich stundenlang allein und durchstöberte die Exposés und Immobilienkataloge. Seine beiden Immobilienberaterinnen kamen auch nur sporadisch rein, um Schlüssel für Besichtigungen oder Dokumente abzuholen. Gewohnte Strukturen und Abläufe, wie ich sie aus meiner Ausbildung kannte, gab es nicht. Jeder schien sein Ding zu machen und den anderen möglichst wenig über bevorstehende Deals verraten zu wollen. Gemeinsame Besprechungen habe ich nie mitbekommen. Dass die drei ein echtes Team waren, konnte man nicht behaupten.

Zu meinen Highlights gehörte es, wenn ich zu einer Objektaufnahme oder Besichtigung mitfahren durfte. Vor allem die Villen an den Hängen, die einen traumhaften Blick auf das Mittelmeer boten, hatten es mir angetan. Aber noch mehr faszinierten mich die Geschichten der Eigentümer und der Kaufinteressenten. Sehr oft dachte ich darüber nach, wie ich die Fragen beantworten, die Besichtigung durchführen und die Vorteile des Objektes herausarbeiten würde. Das ließ mir keine Ruhe. Wenn ich alleine im Büro saß und wieder mal Dokumente sortierte oder Daten ins IT-System eingab, erwischte ich mich regelmäßig dabei, in Selbstgesprächen fiktive Besichtigungen durchzuspielen.

Sommer 1998 während meines Praktikums

Der Traum von der Selbstständigkeit auf Mallorca

Als ich zurück nach Hamburg kam, wurde ich dem Büro in Alstertal zugeteilt und durfte meine ersten eigenen Besichtigungen mit Interessenten in der Vermietungsabteilung durchführen. Trotzdem wurde ich den Gedanken nicht los, selbst sofort richtig loszulegen, und das am liebsten auf Mallorca. Naiv, wie ich war, sagte ich mir, dass ich während meines Praktikums nichts gesehen hätte, was ich nicht auch schaffen könnte. Natürlich stimmte das nicht. Ich hatte keine Ahnung davon, wie man ein Büro oder gar ein Unternehmen führt. Auch hatte ich bis dahin noch nie eine Wohnung oder gar ein Wohnhaus vermittelt. Ich sprach weder Spanisch noch Mallorquín, diesen besonderen Dialekt. Ich war gerade mal 21 Jahre alt und hatte keine nennenswerten Lebens- und Berufserfahrungen. Und doch erzählte ich jedem im Unternehmen, der es hören wollte oder nicht, von meiner Idee. Selbst dem damaligen Finanzvorstand, den ich einige Zeit später mal zufällig traf. Er versprach mir, bei dem Gründer vorzufühlen, ob ich nach meiner Ausbildung auf Mallorca arbeiten könnte. Als ich ihn wiedersah, erklärte er mir allerdings, dass Christian Völkers bloß eins dazu gesagt hätte: Der junge Mann solle erst ein paar Jahre in Hamburg arbeiten und Erfahrungen sammeln, danach könne man weitersprechen. Er habe weder die Erfahrung noch das Geld für eine Selbstständigkeit, fügte er noch hinzu. Das war ein harter Schlag für mich.

Also musste Plan B her. Ich überlegte kurz und fragte beim Finanzvorstand an, ob ich mit meinem Vater kommen und wir über eine Lizenzpartnerschaft sprechen könnten. Das Unternehmen hatte das Modell gerade eingeführt. Dahinter steckte für Selbstständige die Möglichkeit, Franchisenehmer von Engel & Völkers zu werden, also unter dessen Marke eigenverantwortlich als Makler tätig zu sein und von dem Know-how und Netzwerk des Unternehmens zu profitieren. Wenn ich an mein damaliges Vorpreschen zurückdenke, glaube ich, dass meinem Gesprächswunsch nur nachgegeben wurde, um mir ein für alle Mal den Zahn zu ziehen.

Meine Eltern dagegen konnte ich vergleichsweise schnell von meiner Idee überzeugen. Mit der Vermittlung von Immobilien hatten sie zwar keine Erfahrungen. Trotzdem war ihr Vertrauen in mich offenbar unendlich groß. Wir sprachen viel darüber, was es bedeutet, sich auf Mallorca selbstständig zu machen – und ich versuchte, ihnen die Branche näherzubringen. Die größte Befürchtung meines Vaters war die Frage, wie ich an Objekte herankommen würde. »Du brauchst doch etwas, was du auch verkaufen kannst«, sagte er. Mein Vater hatte intuitiv verstanden, dass das der Schlüssel zum Erfolg war. Ich gab mein Bestes, um ihm alle Optionen der Objektbeschaffung zu erklären. Irgendwann war er überzeugt. Oder zumindest gab er mir das Gefühl, überzeugt zu sein. Jedenfalls war er bereit zu einem Gespräch über eine Lizenzpartnerschaft. Wir beide hatten zwar wenig Ahnung, was das im Detail bedeuten würde, aber der Gedanke an eine berufliche Zukunft auf Mallorca war zu verlockend. Offenbar auch für ihn. So kam es, dass wir uns im Spätherbst 1998 im Büro des Gründers trafen.

Für mich war es das erste Mal, dass ich Christian Völkers in einer Besprechung erlebte. Davor kannte ich nur seine Ansprache auf der Weihnachtsfeier oder vom Weitervermitteln in der Telefonzentrale. Wir waren zu viert: Christian, der Finanzvorstand, mein Vater und ich. Christian begann. Er könne zwar meine Leidenschaft für Mallorca verstehen, erklärte er, da auch er schon viel Zeit auf der Insel verbracht habe. Aber wie könne ich in meinen jungen Jahren auf die Idee kommen, mich sofort nach der Ausbildung selbstständig machen zu wollen? Ich versuchte, ihm klar und plausibel zu antworten, aber nichts davon überzeugte ihn, was er mir sehr deutlich zu verstehen gab. Der Finanzvorstand formulierte es pragmatischer. Er wandte sich an meinen Vater und wollte wissen, ob er bereit sei, die Anfangsfinanzierung zu tragen. Würde ich scheitern, was wahrscheinlich sei, wäre das Geld nämlich weg. Und damit ein nicht unerheblicher Teil der Altersvorsorge meiner Eltern, wie ich schon damals wusste. Aber – und dafür bin ich ihnen bis heute unendlich dankbar – in diesem Moment sicherte mein Vater ohne zu zögern zu, das Startkapital aufzubringen. Meine Eltern waren bereit, das Risiko einzugehen. Christian hielt das für verrückt. Und wenn ich heute, selbst als Vater, ganz ehrlich bin, würde ich meinem 21-jährigen Sohn ebenfalls davon abraten, sich mit einer so waghalsigen Idee und ohne Praxiserfahrung selbstständig zu machen. Am Ende des Gesprächs aber stimmte Christian unserem Vorschlag zu.

Meine Eltern nahmen einen Kredit in Höhe von fünf Millionen Pesetas auf, was zur damaligen Zeit etwa 60 000 Deutsche Mark oder heute 30 000 Euro waren. Dann kauften wir eine Lizenz für den Südwesten Mallorcas. Es war die gerade mal dritte Lizenzpartnerschaft, die Engel & Völkers einging. Und die erste im Ausland.

Die Frage, woher ich in diesen Tagen das Selbstbewusstsein für meinen Entschluss hernahm, kann ich rückblickend nicht endgültig beantworten. Dieser Weg war nämlich alles andere als vorgezeichnet. Als Kind und auch als Jugendlicher war ich eher zurückhaltend, zum Teil sehr schüchtern und sensibel. Ich musste die Schule wechseln, weil der Druck zu groß geworden war, konnte mich vielfach nicht durchsetzen, behielt meine Meinung lieber für mich. Nichts hätte mich auf eine Bühne bekommen, um dort vor zehn, hundert oder gar mehr Menschen aufzutreten. Nichts sprach dafür, dass ich mal die notwendige Härte für einen Job als Vorstandschef mitbringen würde, der ein Unternehmen mit 16 000 Menschen führt und täglich Dutzende Entscheidungen trifft. Und noch heute irritiert es mich, wenn Menschen um mich herum zu laut und zu forsch auftreten. So viel Aufmerksamkeit auf sich zu ziehen, dass allen anderen im Raum die Luft zum Atmen geraubt wird – das mag ich nicht. Damals aber, so erkläre ich es mir, muss sich zum ersten Mal mein Gespür dafür geregt haben, wo und wie man ein neues Geschäft machen könnte. Neben einer ordentlichen Portion Naivität und Unwissenheit natürlich, die sicher auch im Spiel waren.

Meinen Freunden erzählte ich nichts von meinen Plänen. Am Abend des 26. Mai 1999 war das Champions-League-Finale zwischen dem FC Bayern München und Manchester United. Manchester drehte einen Rückstand kurz vor Schluss innerhalb von nur 91 Sekunden und gewann das legendäre Spiel mit 2:1. Das Match fand im Stadion Camp Nou statt, dem Fußballtempel des FC Barcelona. Ich schaute es mir mit Freunden im Fernsehen an und verabschiedete mich kurz nach der Siegerehrung, denn am nächsten Morgen um sechs Uhr sollte es mit dem Auto genau dorthin gehen. Der schwarze Golf meiner Mutter war mit wenig Gepäck, dafür aber fünf großen Computern beladen. Mein Vater und ich fuhren nach Barcelona und von dort aus zur Fähre. Unser Ziel: Palma de Mallorca.

Der Start auf der Insel

Daniela, meine erste Mitarbeiterin, kam am selben Tag an wie wir. Ich hatte sie noch von Hamburg aus als Immobilienberaterin eingestellt. Bis dahin war sie für Engel & Völkers in München tätig, suchte aber eine neue Herausforderung. Wir trafen uns vor dem von mir neu angemieteten Immobilien-Shop in Port d'Andratx. Bis dahin kannte ich Daniela nur übers Telefon und war sofort von ihrer positiven, gewinnenden Art überzeugt. Die ersten Tage verbrachten wir damit, den Shop einzurichten. Er lag in guter Lauflage, war aber im Vergleich zu den Immobilien-Shops der Konkurrenz sehr klein. Auf gerade mal 40 Quadratmetern gab es fünf Arbeitsplätze und einen kleinen runden Besprechungstisch mit vier Stühlen. Aber es gab eine große Schaufensterfront, um viele Immobilien präsentieren zu können. Fast die Hälfte meines Startkapitals ging für den Shopausbau und die IT drauf. Bei den laufenden Kosten für Miete, Gehälter und Marketing konnte ich ohne einen erfolgreichen Abschluss und Courtageeingang auf meinem Konto nur vier Monate überleben. Der Druck, der auf meinen noch jungen Schultern lastete, war enorm.

Bevor es losgehen konnte, musste ich aber noch mal nach Hamburg zurück für drei Tage, um vor der Industrie- und Handelskammer meine mündliche Prüfung zum Kaufmann der Grundstücks- und Wohnungswirtschaft abzulegen. Der Termin fand im Haus der Patriotischen Gesellschaft statt. Ich durfte aus zwei Themen wählen und entschied mich für Mietrecht. Die drei Prüfer kamen schnell zur Sache. Vorbereitet hatte ich mich kaum, versuchte aber, einen selbstsicheren Eindruck zu machen. Als ich nach einem bestimmten Miethöhegesetz gefragt wurde, von dem ich noch nie gehört hatte, und ob ich schon Praxiserfahrung im Vermietungsbereich sammeln würde, sah ich meine Chance gekommen. Ich holte einmal Luft und hielt einen Kurzvortrag über meine Existenzgründung. Die Prüfer sprangen sofort darauf an und wollten mehr über mein Vorhaben wissen. Das Miethöhegesetz wurde mit keinem Wort mehr erwähnt. Ich hatte bestanden.

Am nächsten Tag flog ich wieder zurück. Von da an zählte es. Ich wusste: Ich konnte und durfte meine Eltern nicht enttäuschen. Ich war zum Erfolg verdammt. Zugleich merkte ich, dass ich völlig überfordert war.

Jeden Tag prasselten neue Aufgaben auf mich ein. Anmeldung des Gewerbes, Eröffnung eines Geschäftskontos, die Sozialversicherungsnummer für meine erste Mitarbeiterin – und das alles hatte noch nicht mal mit der Vermittlung einer Immobilie zu tun. Durch den Besuch eines Herrn vom Ordnungsamt der Gemeinde Andratx lernte ich beispielsweise, dass es nicht gestattet ist, Exposés nur auf Deutsch ins Schaufenster zu legen, so wie ich es gemacht hatte. Eine andere Vorlage seitens der Unternehmenszentrale in Hamburg gab es allerdings nicht. Warum auch, in Hamburg hatte sich keiner mit dieser Frage auseinandergesetzt. Das Vergehen kostete mich 50 000 Pesetas. Eine Summe, die ich bei der Kalkulation meiner Ausgaben nicht berücksichtigt hatte. Mein Startkapital schmolz wie Eis in der Sonne.

Dazu kamen die Reaktionen von anderen Maklern und Bauträgern, die unisono sagten, dass die guten Zeiten vorbei seien. Der Markt boome nicht mehr, die Karawane würde weiterziehen. Gemeint war, dass sich Mallorca zwar in den letzten Jahren vom Image der Putzfraueninsel zum Florida Europas entwickelt habe, aber jetzt seien andere Regionen in Europa en vogue. Dem konnte ich nicht mal widersprechen. Denn einerseits wurden uns zwar fast täglich Objekte angeboten; die größte Befürchtung meines Vaters, dass wir keine Häuser zur Vermarktung bekommen, stellte sich als unbegründet heraus. Was ich andererseits aber schmerzlich erfahren musste und ganz anders als in Hamburg war: Käufer gab es kaum – und unter den Verkäufern war kaum einer zu einem Exklusivauftrag bereit. Oft wurde das Objekt von unzähligen Maklern angeboten.

Viele von ihnen hatten weder ein Büro, noch arbeiteten sie für ein Maklerunternehmen. Ich nannte sie bloß Handymakler. Es war ein Haifischbecken. Und ich war kurz davor, gefressen zu werden.

Damit ich mich auf den Kern meiner Arbeit fokussieren konnte, stellte ich für drei Nachmittage in der Woche eine Assistenz ein. Julia arbeitete vormittags bei einem deutschen Rechtsanwalt in Palma und kam anschließend nach Port d'Andratx – sofern ihr altes Golf Cabrio ansprang oder nicht auf dem Weg liegen blieb. Außerdem organisierten wir eine große Eröffnungsfeier. Wir orderten ein hervorragendes Catering und schenkten gute Weine aus. Eigentümer, Neugierige und auch die lokale Presse kamen, und mein Team und ich knüpften einige Kontakte. Obwohl der Gründer nicht kam, was ich natürlich insgeheim gehofft hatte, war es ein rundum gelungener Abend.

Trotzdem saß ich am nächsten Tag wieder stundenlang allein in meinem Shop und überlegte, wie ich endlich an Käufer kommen könnte. Alle schienen nur verkaufen zu wollen. Ich konnte an nichts anderes mehr denken. Selbst abends beim Fernsehen fiel es mir schwer, mich auf den Film oder die Nachrichten zu konzentrieren. Ich fing an, meine Selbstständigkeit zu verfluchen. Wenn ich in den Sommermonaten am Wochenende bei 40 Grad im Schatten die Berge zu den Villengebieten von Montport oder Cala Marmacén hochmarschierte und Hauswurfsendungen verteilte, setzte ich mich zum Verschnaufen häufig auf einen Stein und blickte hinunter. In diesen Momenten war ich verzweifelt und den Tränen nahe. Hätte ich das Geld gehabt, hätte ich meinen Kredit zurückgezahlt und wäre sofort nach Hamburg zurückgekehrt. Nachts schlief ich schlecht, tagsüber aß ich kaum etwas. Ich magerte so stark ab, dass mir meine Anzüge viel zu groß wurden. Vor dem Team versuchte ich, mir nichts anmerken zu lassen.

Mein Vorteil in der Zeit war, dass die Kolleginnen mich noch nicht gut genug kannten, um meine Veränderung einschätzen zu können. Vielleicht trauten sie sich aber auch nicht, mich darauf anzusprechen. Freunde, denen ich mich anvertrauen konnte, hatte ich nicht. Ich machte vieles mit mir selbst aus. Meine Eltern, die mich zu Beginn regelmäßig besuchten, sahen, wie sehr ich litt. Wirklich helfen konnten sie mir aber nicht. Nur ein erfolgreicher Abschluss und der damit verbundene Courtageumsatz hätten mich beruhigt.

Der erste Abschluss auf Mallorca

An einem dieser heißen Tage im August rief ein netter Mann aus dem Stuttgarter Raum an. Er erklärte mir, dass er seine Firma verkauft habe und sich jetzt mit der Anschaffung einer Ferienimmobilie beschäftige. Seine Frau und er würden in der nächsten Woche nach Mallorca kommen und sich gerne ein paar Immobilien anschauen. In meiner Naivität dachte ich, dass ich der einzige Makler sei, mit dem sie sich verabreden würden. Er nannte seine Suchkriterien, das Budget und das Hotel, bei dem ich sie abholen sollte. Mit meinem schwarzen Golf ohne Klimaanlage fuhr ich zu dem noblen Hotel Castillo de Son Vida. Vor dem Treffen hatte ich mehrere Besichtigungstermine mit den Eigentümern der Objekte vereinbart. Das Ehepaar bat darum, sich die Exposés bei einem Kaffee vor der Abfahrt anzusehen. Wir setzten uns auf die Terrasse des Hotels, doch gleich beim ersten Objekt unterbrach mich die Frau. Diese Immobilie hätten sie gestern bereits besucht, erklärte sie und zeigte auf das Foto im Exposé. Mir lief ein kalter Schauer über den Rücken. Schlagartig wurde mir klar, dass ich nicht der einzige

Makler war, den sie kontaktiert hatten. Ich überspielte meine Enttäuschung, und zum Glück gab es zwei Objekte, die das Ehepaar noch nicht kannte.

Während der Fahrt hörte ich gut zu und stellte ein paar Fragen. Was ihnen an den bisherigen Objekten gefallen hätte oder wie sie sich einen perfekten Tagesablauf in der Immobilie vorstellen würden. In Port d'Andratx angekommen, hatte ich eine präzise Vorstellung davon, wie ihr Traumhaus aussehen sollte. Mir war bewusst, dass die dortige Villa trotz ihrer einzigartigen Lage und des unverbaubaren Blicks auf das Meer und die Halbinsel La Mola nicht ganz perfekt war – das Hanggrundstück hatte mehr Treppen, als sie sich wünschten. Aber ich hatte in Santa Ponsa noch ein Ass im Ärmel, eine neu gebaute Villa mit einem wunderschönen Garten und ganz in der Nähe eines Golfplatzes. Ein Highlight war eine große Fensterscheibe, durch die man vom Spa- und Saunabereich zum Swimmingpool blicken konnte. Ich öffnete die Tür, ließ das Ehepaar in die Eingangshalle eintreten und wartete ihre Reaktion ab.

Nicht selbst das Wort ergreifen, sondern das Objekt erst mal wirken lassen – das hatte ich mir selbst beigebracht. Ich hatte viele Makler erlebt, die die Tür öffnen und sofort hinausposaunen, wie traumhaft ein Objekt sei. Die sich überschlagen bei der Besichtigung, weil sie einen Haufen Superlative benutzen. Das Problem: Empfindet der Interessent das nicht so, war es das mit der Glaubwürdigkeit des Immobilienmaklers. Daher hielt ich erst mal meinen Mund, um die Reaktion des Interessenten abzuwarten und danach auf die ersten Eindrücke des Kunden eingehen zu können.

Wie ich es vermutet hatte, war das Ehepaar sehr angetan. Es ließ sich bei der Besichtigung viel Zeit. Ich schrieb ein paar Fragen auf, um diese mit dem Bauträger zu besprechen und nicht vorab falsche Infos herauszugeben. Jeder Interessent, den ich später kennengelernt habe, hat Verständnis, wenn man das so macht und zusätzliche Details später nachliefert. Nach der Besichtigung brachte ich das Paar zurück zum Hotel nach Son Vida und konnte es davon überzeugen, alle anderen geplanten Termine mit meinen Wettbewerbern abzusagen. Auch die zweite Besichtigung am nächsten Tag verlief sehr gut. Der Bauträger war sogar bereit, kleine Änderungswünsche zu erfüllen. Am Abend flogen beide zurück nach Stuttgart und sicherten mir zu, sich baldmöglichst mit ihrer Entscheidung zu melden.

In den folgenden Tagen war ich wie paralysiert. Um mich zu beruhigen, ging ich stundenlang die Hafenpromenade auf und ab. Endlich kam der Anruf. Das Telefon des Ehepaars war auf laut geschaltet, und beide sprachen wild durcheinander. Nachdem die Begrüßungsfloskeln ausgetauscht waren, sagte der Mann auf einmal fast energisch: »Herr Odia, wir machen es. Bereiten Sie alles für den Vorvertrag vor.« Meine Gebete waren erhört worden.

Dann wurde mir schlagartig klar, dass ich gar nicht wusste, wie man einen Vorvertrag aufsetzt. In dem Moment kam meine Assistentin Julia ins Spiel. Sie arbeitete vormittags bei einem Rechtsanwalt und würde bestimmt wissen, was zu tun ist. An dem Nachmittag bastelten wir aus der Vorlage, die Julia besorgt hatte, unseren ersten Vorvertrag. Wir kamen uns vor wie bei einem Wettbewerb von »Jugend forscht«. Kurze Zeit später hatte ich meine erste Immobilie vermittelt. Als Courtage erhielt mein Unternehmen 40 000 D-Mark. Das Geld sicherte unser Überleben für die nächsten ein oder zwei Monate.

Meine Anfangszeit im Shop in Port d' Andratx

Es geht aufwärts

Zu dieser Zeit lernte ich einen Unternehmer aus Norddeutschland kennen, der als Bauträger kurz davor war, drei Villen in bester Lage von Port d'Andratx zu errichten, die Casas Mallorquinas. Er war bereit, diese besonderen Objekte von uns vermarkten zu lassen. Ihre Lage und Ausstattung waren einzigartig: hochwertigste Materialien, modernste Technik, traumhaft schöne Bäder und Küchen – es waren Meisterwerke der Baukunst im mallorquinischen Stil. Der

Bauträger war auffallend nett und verbindlich. Oft kam er mit seiner Frau spontan auf einen Kaffee im Shop vorbei und erzählte mit glänzenden Augen von den Baufortschritten seiner Casas Mallorquinas. Trotz seines Erfolgs gab er mir immer das Gefühl der Wertschätzung und Anerkennung. Dieser Mann hatte alles und konnte sich trotzdem noch über viele kleine Dinge im Leben freuen. Ich bewunderte ihn und seine Frau für ihren Blick für das Schöne. Ich hatte das Glück, in den folgenden Jahren noch viele schöne Stunden mit den beiden zu verbringen, und freue mich noch heute, wenn ich sie treffe.

Meine Immobilienberaterin Daniela baute ebenfalls in dieser Zeit einen engen Kontakt zu einer Interior-Designerin auf, die einen wohlhabenden Suchkunden für Mallorca betreute. Daniela setzte alles auf eine Karte und war Tag und Nacht mit diesem Projekt beschäftigt. Ich dagegen hatte meine Zweifel. Ob sich der Aufwand lohnt? Was würde passieren, wenn der Deal nicht klappen sollte und ihr Suchkunde abspringen würde? Würde Daniela in ein mentales Loch fallen? Einerseits motivierte ich sie, alles zu geben, und räumte ihr sämtliche Freiheiten ein. Andererseits sah ich jedoch auch die Risiken.

Im Laufe der Jahre lernte ich, dass man sich als Makler große Geschäfte erlauben muss. Was bedeutet das? Manchmal arbeitet man über Monate hinweg an einem, an dem großen Deal, der eine hohe Courtage verspricht. Man ist wie besessen und voll darauffokussiert, beide Parteien zum Abschluss zu bewegen. Alles scheint perfekt zu passen – und dann kommt von einer der beiden Parteien die Absage. Alle Teilerfolge werden in diesem Moment schlagartig wertlos. Was zählt, sind einzig und allein die Unterschriften der beiden Parteien unter dem Vertrag. Daher muss man sich in der Makelei große Geschäfte erlauben können, denn in der Zwischenzeit hätte man den einen oder anderen kleineren Deal landen können. In Danielas Fall zahlte sich ihre Beharrlichkeit aus. Im Dezember wurde der Kaufvertrag geschlossen. Wir hatten das teuerste Anwesen in diesem Jahr in Port d'Andratx vermittelt. Von der Courtage konnte ich das Darlehen meiner Eltern zurückzahlen und hatte einen Puffer auf meinem Konto, um meine Geschäftsaktivitäten auszubauen. Ich organisierte ein Weihnachtsfestessen für mein Team, und wir feierten ausgelassen. Die anschließenden Feiertage verbrachte ich auf der Insel.

Der Flagship-Shop in Palma de Mallorca

Im Sommer darauf eröffnete Engel & Völkers einen unternehmenseigenen Flagship-Shop in bester Lauflage am Paseo del Borne in Palma de Mallorca. Im Vergleich zu meinem Shop in Port d'Andratx war er riesig und sah aus wie ein Catwalk aus der Modewelt. Links und rechts waren unzählige Schreibtische aufgereiht, und im hinteren Teil prangte an einer großen Wand das Firmenlogo. Organisatorisch waren zwei Bereiche voneinander getrennt und hatten eigene Geschäftsführer. Der eine Bereich sollte den Innenstadtbezirk von Palma de Mallorca aufbauen, der andere das Umland und die nicht von mir als Franchisenehmer abgedeckten Teile Mallorcas. Die Erwartungen waren hoch. Der Gründer und das Management in Hamburg dachten sich offenbar: Wenn der junge Kerl im Südwesten erfolgreich ist, wird unser Business doch wohl durch die Decke gehen.

David, einer der beiden Geschäftsführer, hatte mich vor seinem Einstieg in Port d'Andratx besucht. Er hatte ein Jurastudium begonnen, es abgebrochen und dann als Immobilienberater bei E&V

in München angefangen. David war über die Entscheidung, dass noch ein weiterer Geschäftsführer eingesetzt würde, überhaupt nicht glücklich. Er war aber ein Kämpfer, was vielleicht auch an seiner Vergangenheit als Gebirgsjäger bei der Bundeswehr lag, und er wollte jedem und am meisten sich selbst beweisen, was er draufhat. Trotz seines vergleichsweise gewaltigen Marketingbudgets und zahlreicher neuer Immobilienberater lernte das Management von Engel & Völkers allerdings schnell und schmerzhaft, wie herausfordernd das Geschäft auf Mallorca war. Die Umsätze liefen nicht gut an.

Ich dagegen konnte in meinem ersten vollen Geschäftsjahr viele Abschlüsse mit meinem Team feiern. Ich hatte ein Geschick dafür entwickelt, schnell ein enges, vertrauensvolles Verhältnis zu Eigentümern und potenziellen Käufern aufzubauen. In meinem ersten Jahr erwirtschaftete ich einen Courtageumsatz von fast einer Million D-Mark, und aus einigen Kunden wurden enge Freunde, zu denen ich zum Teil bis heute Kontakt habe. Andere Begegnungen werde ich ebenfalls nie vergessen. Eines Tages fuhr laut röhrend ein Biker in Lederkluft auf seiner Harley-Davidson vor und kam in unseren Shop. Keiner aus dem Team sprang auf, stattdessen machten alle einen beschäftigten Eindruck. Also sprang ich auf und bot ihm einen Platz am Besprechungstisch und einen Kaffee an. Selbstverständlich fragte ich, was ich für ihn tun könne. Er sagte, dass er investieren möchte. Er sei auf der Suche nach Grundstücken mit gültiger Baulizenz in der Region Andratx. In den kommenden Monaten vermittelte ich mehrere Grundstücke in zweistelliger Millionenhöhe an ihn. Seinem Auftreten nach war er nicht der klassische Immobilieninvestor. Aber durch ihn lernte ich noch mal, was in unserem Geschäft eigentlich selbstverständlich sein sollte: Der erste Eindruck muss nicht der richtige sein. Man darf sich nie von

Äußerlichkeiten täuschen lassen. Ich habe diese Geschichte später noch oft erzählt, um auch andere Immobilienberater und Franchisenehmer davon lernen zu lassen.

Der Shop in Puerto Portals und ein überraschendes Angebot

Im Herbst 2000 fing ich an, mich auf die Suche nach einer Location für einen Immobilien-Shop in Puerto Portals zu machen, an der südlichen Küste auf halber Strecke zwischen Port d'Andratx und Palma gelegen. Im mondänen Yachthafen war es nahezu ausgeschlossen, etwas zu finden. Wenn etwas zur Vermietung stand, war die geforderte Abstandszahlung für mich nicht erschwinglich. Ich entschied mich für ein Ladenlokal in einer Zufahrtsstraße zum Hafen und eröffnete im Frühjahr 2001 meinen zweiten Standort als Lizenznehmer. Ein Vertriebsteam zu führen, ist eine Herausforderung. Will man seine Zeit auf zwei Teams aufteilen, wird es noch deutlich anspruchsvoller. Schnell war mir klar, dass ich einen Büroleiter für den neuen Shop in Portals finden musste, dem ich vertrauen konnte. Das glich der berühmten Suche nach der Nadel im Heuhaufen. Zwar gibt es gute Vertriebler, aber viele sind nicht in der Lage, auch nur eine Person zu führen. Andere dagegen haben die fachlich richtigen Ansätze, können aber aufgrund ihrer Persönlichkeit und ihres Auftretens keinen Menschen für sich gewinnen. Als Führungsperson muss man es schaffen, das richtige Team aufzustellen und auf eine gemeinsame Reise mitzunehmen.

Wenn ich damals darüber nachdachte, wie ich als Vorgesetzter sein wollte, entstand bei mir der Wunsch, den Ansatz eines Coaches zu verfolgen. Ich wollte nicht als klassischer Boss auftreten und andere herumkommandieren. Ich wollte, dass jeder und jede Einzelne seine und ihre Erfolgsgeschichte schreiben kann. Das, so nahm ich mir vor, wollte ich ermöglichen.

In diesem Sommer rief mich Christian Völkers immer häufiger an und bat mich zum Lunch auf seine Finca. Er war sehr unzufrieden mit der Entwicklung seines Büros in Palma. Drei Jahre zuvor war es ihm noch schwergefallen, mir zu vertrauen. Zu der Eröffnung meines Shops in Port d'Andratx war er auch nicht gekommen. Offenbar wollte er nicht mit mir und meinem aus seiner Sicht absehbaren Scheitern zu sehr in Verbindung gebracht werden. Jetzt war er wie ausgewechselt. Bei jedem Gespräch versuchte er im Detail zu verstehen, wie ich mein Geschäft im Südwesten der Insel aufgebaut hatte. Manchmal tippte er wie wild auf seinem Taschenrechner herum, um Zahlen und Hochrechnungen in die Diskussion einzubringen. Er begann, mit mir wie mit einem Partner zu sprechen. Auf Augenhöhe. Ich fühlte mich geschmeichelt und gab ihm klar zu verstehen, wo ich die Unterschiede zwischen seinem Büro und meinem Ansatz sah. Eigentlich hatte ich nur konsequent umgesetzt, was ich in meiner Ausbildung gelernt hatte: Ich konzentrierte mich auf mein kleines Fischerörtchen mit seinen unzähligen hochpreisigen Villen an den Hängen und kannte in kürzester Zeit fast jeden, der seine Immobilie verkaufen wollte. Der Flagship-Shop in Palma wiederum musste ein riesiges Gebiet bearbeiten und enorme Marketingkosten aufwenden, um die unzähligen Objekte aus den verschiedensten Regionen zu bewerben. Durch meine Fokussierung war die Betreuungsintensität deutlich höher, und unsere Vertriebserfolge sprachen sich in kürzester Zeit in ganz Port d' Andratx und gerade bei den Eigentümern herum. Das führte wieder zu neuen Vermarktungsaufträgen, und wir konnten Suchkunden Immobilien aus unserem großen

Vermarktungsportfolio vorstellen. Die Spirale drehte sich von Erfolg zu Erfolg. Christian hörte sich alles geduldig an. Irgendwann, bei einem Spaziergang, fragte er, ob ich mir vorstellen könnte, sein Büro in Palma zu übernehmen.

Für mich klang das nicht nach einem großen Wurf. Ich hatte einen hochprofitablen Shop in Port d' Andratx aufgebaut, gerade einen zweiten Immobilien-Shop eröffnet und dafür einen Büroleiter eingestellt. Und jetzt sollte ich ein Büro mit Startschwierigkeiten und enormer Kostenstruktur übernehmen? In den folgenden Nächten wälzte ich mich von rechts nach links und bekam so wenig Schlaf wie in meiner Anfangszeit auf Mallorca. Ich spürte, dass meine Antwort wegweisend für die nächsten Jahre sein konnte. Aber was wollte ich wirklich? Noch mehr Büros eröffnen, noch häufiger zum Notar gehen, noch mehr Abschlüsse feiern? Je länger ich nachdachte, desto deutlicher merkte ich: Das treibt mich nicht an. Nicht hier. Mallorca ist wunderschön, letztlich aber doch nur eine Insel. Mein Lizenzvertrag, der über zehn Jahre abgeschlossen war, eine Option auf fünf weitere beinhaltete und der mir zu Beginn wie die Erfüllung aller meiner Träume vorgekommen war, schrumpfte bei meinen Überlegungen immer weiter zusammen. Stattdessen spürte ich, dass ich die Welt sehen und als Manager agieren wollte. Ich beschloss, Christians Vorschlag abzulehnen und ihn im Gegenzug zu fragen, ob wir gemeinsam die Expansion des Unternehmens angehen wollen. Vielleicht würde er mich für größenwahnsinnig halten, aber fragen kann man ja mal. Beim Lunch auf seiner Finca erzählte ich ihm, was mich reizen würde und dass ich mir sogar eine Rückkehr in die Unternehmenszentrale nach Hamburg vorstellen könnte. Eine Sache war mir besonders wichtig: Ich wollte weiterhin Unternehmer sein.

Mein zweiter Geburtstag

An diesem Tag entstand die Idee der Engel & Völkers International GmbH, und ich sollte einer der Gesellschafter und ihr Geschäftsführer werden.

Bevor ich meine Sachen für den Umzug nach Deutschland packte, hatte ich noch ein paar Termine, darunter ein Abendessen mit Freunden und meinen Eltern auf der anderen Seite der Insel. Viel weiter entfernt von Port d' Andratx konnte unser Treffpunkt nicht liegen, aber das machte mir nichts aus. Ich hatte mir kurz vorher meinen ersten Wagen gekauft, einen schwarzen Dreier-BMW mit Klimaanlage, was meine Kunden im Vergleich zu meinem schlichten Golf zuvor sehr zu schätzen wussten. Der Wagen kam aus Deutschland, und ich war sehr stolz, als ich ihn von der Fähre in Palma abholte. Die erste größere Anschaffung, die ich mir leisten konnte. Auf der Rückfahrt vom Restaurant bog ich kurz vor meinem Ziel am Kreisel von Andratx nach Port d' Andratx ab, als mir auf einmal ein Hund vors Auto lief. Vielleicht meinte ich auch nur, einen Hund gesehen zu haben, ich war ziemlich erschöpft und übermüdet. In jedem Fall aber riss ich das Lenkrad nach rechts. Der Wagen knallte mit voller Wucht gegen die verstärkte Mauer des angrenzenden künstlich angelegten Flussbetts und hob ab. Während des Überschlags, der sich für mich wie in Zeitlupe abspielte, nahm ich mein wichtigstes Arbeitsutensil, mein Handy, aus der Mittelkonsole und packte es in die Brusttasche meines Blazers. Dann landete der Wagen mit einem harten, lauten Knall auf dem Dach. Die Frontscheibe zerplatzte in tausend Stücke, und ich merkte, wie sich Splitter in meine Kopfhaut bohrten. Sämtliche Airbags waren aufgegangen, nicht nur im Lenkrad und der Seitenverkleidung.

Meine Eltern waren mit einigem Abstand hinter mir gefahren und hatten den Unfall nicht gesehen. Im Gegenteil, meine Mutter sagte zu meinem Vater sogar noch: »Schau, dort am Hafen ist ein Feuerwerk.« Als sie erkannten, dass die vermeintlichen Freudenraketen die Vorder- und Rückleuchten meines Wagens waren, bekam meine Mutter einen großen Schreck. Sie begann zu weinen und konnte sich kaum beruhigen. Mein Vater beugte sich zu mir ins Auto, bald gefolgt von den Feuerwehrmännern. Ich konnte ihre Stimmen hören und signalisieren, dass ich lebe. Schließlich zogen mich die Feuerwehrleute aus meinem Wagen heraus, und ich konnte ihre Fragen auf einmal in perfektem Spanisch beantworten.

Mein Unfallfahrzeug

Mein Schock muss so groß gewesen sein, dass sämtliche Sprachbarrieren in diesem Moment weg waren. Meine Mutter und ich wurden mit einer Ambulanz ins Krankenhaus nach Palma gefahren. Dort angekommen, wurden mir fein säuberlich sämtliche Splitter aus dem Kopf entfernt und Röntgenaufnahmen gemacht. Innere Verletzungen hatte ich zum Glück nicht und musste deshalb auch nicht lange bleiben. Schon am übernächsten Tag durfte ich das Krankenhaus wieder verlassen.

Auf dem Weg nach Hause fuhren wir an der Unfallstelle vorbei. Erst da sah ich, wie viel Glück ich gehabt hatte. Das, was vom Wagen übrig geblieben war, stand auf der linken Straßenseite. Zwei Reifen waren durch den Aufprall abgerissen worden, die Beifahrerseite war komplett eingedrückt. Ein Beifahrer hätte diesen Unfall wohl kaum oder nur mit schwersten Verletzungen überlebt. Es war wie mein zweiter Geburtstag. Aber ich sollte am nächsten Montag nach Hamburg fliegen, um offiziell als neuer geschäftsführender Gesellschafter der E&V International GmbH zu beginnen. Es kostete mich viel Überwindung, die Assistentin von Christian anzurufen und um ein paar Tage Aufschub für meine Rückkehr zu bitten. Aber Sabine reagierte sehr verständnisvoll. Als ich mich erholt hatte, ging es dann tatsächlich los.

KAPITEL 2

VÄTERLICHER MENTOR, RASTLOSER ANTREIBER

MEIN SPANNUNGSVOLLES VERHÄLTNIS ZU GRÜNDER CHRISTIAN VÖLKERS

An meinem ersten Tag bei Engel & Völkers am 1. August 1997 wurden wir Auszubildenden beim Hausrundgang in der neuen Unternehmenszentrale an der Stadthausbrücke auch in das Büro von Christian Völkers geführt. Der Gründer und Namensgeber war nicht da. Leider könne er uns nicht persönlich begrüßen, erklärte man uns, er sei noch auf seiner Finca auf Mallorca. Eine Sache haben wir also schon mal gemeinsam, dachte ich damals: Wir beide verbringen gerne Zeit auf der Baleareninsel. Später sollte das noch eine bedeutende Rolle in unserem Verhältnis spielen. Bis zu dem Tag allerdings kannte ich Christian Völkers weder persönlich, noch wusste ich von jemandem, der mit ihm arbeitete oder befreundet war. Und bis auf die Fotos im Geschäftsbericht und im »Grund Genug«-Magazin hatte ich auch kein echtes, lebendiges Bild von ihm vor Augen. Mein Interesse an dem Unternehmen resultierte ausschließlich aus der Darstellung der Immobilien.

Das änderte sich natürlich nach meinem Einstieg als Auszubildender und noch mehr nach meiner Rückkehr nach Hamburg, nach meinen drei Jahren als Lizenzpartner auf Mallorca. Als ich den Posten als geschäftsführender Gesellschafter der Engel & Völkers International GmbH antrat, wurde Christian – oder CV, wie ihn die meisten im Unternehmen nannten – zu meinem wichtigsten Ansprechpartner und Mentor. Er nahm sich oft ausgiebig Zeit, um mit mir über die Expansion zu sprechen. Ich lernte viel, und gerade seine Sicht der Dinge in Bezug auf die Markenkommunikation und das Marketingkonzept von Engel & Völkers waren für mich von großem Interesse. Obwohl ich noch jung war, gerade mal 24 Jahre, gab er mir früh das Gefühl der Wertschätzung. Er ließ mich bei der internationalen Expansion selbstständig handeln und schenkte mir enormes Vertrauen.

Die drei Phasen unseres gemeinsamen Weges

Rückblickend betrachtet war das der Beginn unserer Freundschaft und Geschäftsbeziehung, die mehr als 20 Jahre andauern und viele Höhen und Tiefen erleben sollte. Wir haben unzählige Stunden miteinander verbracht und uns nahezu täglich über die Ausrichtung des Unternehmens ausgetauscht. Häufig in sehr lebhaften Diskussionen. Wir waren nicht immer einer Meinung, aber immer vereint in der Sache: Wir wollten stets das Beste für Engel & Völkers erreichen. Das galt bis zum Schluss, bis wir uns – aus meiner Sicht 2021 – trennten.

Unser gemeinsamer Weg lässt sich in drei Phasen einteilen. In der ersten Phase als Verantwortlicher für die internationale Expansion von 2001 und über den Zeitraum, als ich 2006 zum Chief Operating Officer (COO) berufen wurde und diese Funktion bis 2014 ausgeübt habe. Während Christian als CEO agierte und sich um die gesamte Ausrichtung von E&V kümmerte, war ich voll auf Wachstum und Internationalisierung getrimmt und fokussiert. Ich begann, meinen Führungsstil zu etablieren, und entwickelte mich vom Mentee zum gleichwertigen Vorstandsmitglied, mit meinen eigenen Ideen und Konzepten und auch mit meinem ganz eigenen Kommunikationsstil.

In der zweiten Phase stieg ich 2014 zum gleichberechtigten Vorstandsvorsitzenden auf, zum Co-CEO. Christian musste seine Rolle, in der er die Entscheidungsgewalt mit mir teilte, neu finden. Zugleich musste ich zunehmend dazu übergehen, einen Teil seiner Vorschläge in unseren internen Debatten abzuräumen, damit sie nicht zum Management in der Unternehmenszentrale oder sogar zu den Lizenzpartnern durchdrangen und sie weiter stringent an ihren Vorhaben arbeiten konnten. In dieser Phase als Co-CEO

Besuch der Monaco Yacht Show

drängte ich darauf, dass Engel & Völkers den radikalen Umschwung auf profitables Wachstum nehmen konnte.

In der dritten Phase schließlich, in der ich alleiniger Vorstandsvorsitzender Global CEO war, baute ich das Geschäft mit eigenen Standorten über sogenannte Rückkäufe (Buy-Backs) von Lizenzpartnerschaften in Europa signifikant aus. Mir war bewusst, dass CV eine große Skepsis gegen diese Form des profitablen Wachstums hatte. In dieser Zeit entfremdeten wir uns spürbar. Das spürten auch etliche Personen in unserem Umfeld. In der Zeit wurde ich oft auf mein Verhältnis zu CV angesprochen. Anders als zuvor zogen wir nicht mehr an einem Strang. Corona hinterließ deutliche Spuren, erst im Geschäft, dann auch in unserer persönlichen

Beziehung. Die verschiedenen Ideen darüber, wie das Unternehmen für die Zukunft strategisch ausgerichtet werden sollte, passten oft nicht mehr zusammen.

Am Ende kam es zum Bruch, und selbst Christian verkaufte einen Teil seiner Anteile. Es war ein Schritt, den er, so glaube ich, in all den Jahren zuvor für sich kategorisch ausgeschlossen hatte.

Schwere Zeiten

Zu Beginn aber war das Vertrauen und Zutrauen groß. Das zeigte sich beispielsweise im Jahr 2001, als die Anschläge des 11. September Engel & Völkers an den Rand der Insolvenz brachten und es unter anderem darum ging, die Umstellung unseres Geschäftsmodells zu moderieren. Niemand wusste zunächst, wie es weitergehen könnte. Bei allen herrschte nahezu blanke Panik. Christian war in jedem Gespräch anzumerken, wie hoch der Druck war. Für den im folgenden Frühjahr angekündigten Börsengang wurde bereits die Verschiebung kommuniziert. Dazu kam, dass wir zuvor mit mir an der Spitze die internationale Expansion eingeleitet hatten und in unserem Heimatmarkt Deutschland von dem Modell der eigenen Büros auf die Vergabe von Lizenzen umschwenken wollten. Das allein bedeutete schon eine große inhaltliche und finanzielle Anstrengung. Einige vormalige Büroleiter übernahmen ihre gut laufenden Shops durch einen Management-Buy-out – die Mitarbeiter in der Unternehmenszentrale im Marketing, in der Kommunikation und der Buchhaltung waren es aber nicht gewohnt, mit diesen Lizenzpartnern wie mit selbstständigen Unternehmern zu sprechen. Sie behandelten sie noch wie zuvor, wie Kollegen und Mitarbeiter. Ich hingegen war bei diesem Kulturwandel im Vorteil.

Als ehemaliger Lizenzpartner konnte ich mich aufgrund meiner Zeit auf Mallorca gut in die Lage der anderen und auch neuen Lizenzpartner hineinversetzen und fand bei den Gesprächen den richtigen Ton.

Ich vermied es, ihnen etwas aufoktroyieren zu wollen, und ging dazu über, sie von dem Nutzen neuer Produkte oder Systeminhalte zu überzeugen. Meine Erfahrung der vorigen Jahre gab mir eine hohe Glaubwürdigkeit, die keiner bisher bei Engel & Völkers hatte. Auch Christian nicht, trotz seiner langjährigen Expertise. Ich hingegen hatte selbst schon die kleinen und großen Herausforderungen meistern müssen und wusste, wie es sich anfühlt, ganz allein in einer neuen Region mit der Marke als Lizenzpartner zu starten. Doch trotz der ersten Vertriebserfolge, die wir verzeichneten, änderte sich nichts grundlegend an unserer desaströsen finanziellen Lage. Es war einfach nicht genug Geld in der Kasse. Wir konnten nicht alle Gehälter und Rechnungen bezahlen. Einige Führungspersonen wurden deshalb gebeten, einen Gehaltsverzicht zu unterschreiben. Zum Glück hatte ich noch Ersparnisse aus den letzten Jahren und konnte der Bitte nachkommen. Aber natürlich hatte ich mir meinen Start nach meiner Rückkehr nach Hamburg ganz anders vorgestellt.

In dieser prekären Situation lud Christian das Management zu einem zweitägigen Meeting auf seine private Finca auf Mallorca ein. Dort diskutierten wir hitzig und stundenlang darüber, für welche Gebiete eine Lizenz vergeben werden sollte. Einige Teilnehmer befürchteten, dass die Marke stark verwässert und sogar beschädigt werden könnte, wenn wir auch in Regionen mit nur durchschnittlichen Immobilienpreisen vertreten sein würden.

Was sie bei dieser Argumentation nicht erkannten: Die Herausforderung war ab sofort eine ganz andere als zuvor. Das Lizenz-

oder Franchisegeschäft ist ein volumengetriebenes Geschäftsmodell. Es braucht eine kritische Menge, um genügend Einnahmen aus Lizenzgebühren, Dienstleistungen und anderen Produkten zu erwirtschaften. Nur dann ist der Lizenzgeber in der Lage, eine professionelle Betreuung, die gewünschte Markenpositionierung, die Expansion sowie die Investitionen in Systeme und Produkte zu gewährleisten. Der Roll-out einer Marke und eines Systems ist mit großen Investitionen verbunden, das war uns allen bei diesem Meeting noch nicht ganz bewusst. Die Diskussion drehte sich aus meiner Sicht also darum, ob wir in Schönheit sterben oder das Produkt der Lizenzpartnerschaft mit deutlich höherer Anzahl auf die Straße bringen wollten. Mein Herz schlug ganz klar für den Vertrieb und den Abschluss von wesentlich mehr Lizenzen.

Dass sich auch Christian bei diesem Treffen Sorgen um die Außendarstellung machte, war typisch für ihn, wie ich im Laufe unserer Zusammenarbeit immer häufiger feststellen sollte. Das Unternehmen, seine von ihm gegründete Firma, stand mit dem Rücken an der Wand. Es ging um das wirtschaftliche Überleben und alles, was er bis dahin aufgebaut hatte. Und trotzdem richtete er seinen Blick nicht bloß auf die aktuelle Krise, sondern dachte schon weiter, an die mittel- und langfristige Entwicklung und welche Folgen die jetzt getroffenen Entscheidungen für das Umsatzpotenzial und die Markenpositionierung in der Zukunft haben könnten.

Christian Völkers' Weg

Christian Völkers wurde 1955 in Blankenese geboren, wuchs in den Elbvororten auf und muss das Gen zum Unternehmertum früh in sich entdeckt haben. Bevor er Ende der 70er-Jahre Betriebswirtschaftslehre studierte, fing er eine Lehre bei der Peter Döhle Schiffahrts-KG an, kam aber nicht sehr weit. Denn wie sich recht schnell zeigte: Sich unterzuordnen und den Weisungen anderer zu folgen, damit tat er sich schwer. »Fürs Angestelltendasein sind Sie nicht gemacht«, bekam er einer Erzählung nach von dem Seniorchef damals zu hören. Viel lieber wollte er seine eigenen Vorstellungen verwirklichen, diese groß machen und in die Welt tragen. Das trieb ihn an. Bis ins Kleinste. Während meiner Ausbildung kam eines Tages beispielsweise die Frage auf, wie wir Telefonanrufe korrekt entgegenzunehmen hätten. Nie mit eigenem Namen melden, immer nur Engel & Völkers nennen, lautete eine Anweisung von ihm. Der persönliche Name würde das Unternehmen dem Anrufer gegenüber nur reduzieren und somit kleiner machen, so die Begründung. Bei der Deutschen Bank würde auch nie jemand mit seinem Namen an das Telefon rangehen, so seine Begründung, sondern sich stets bloß mit »Deutsche Bank, guten Tag. Was kann ich für Sie tun?« melden. Noch ein Telefontrick von ihm: Schon in der Anfangszeit, als die Firma noch sehr klein war und nur ganz wenige Mitarbeiter hatte, wurde jedem eine eigene Nummer zugewiesen. Rief jemand von außen an, teilte man dieser Person mit, dass man nachschauen würde, ob der zuständige Kollege gerade anwesend ist. Anschließend wurde er zu der jeweiligen Nummer durchgestellt. Auch das sollte die Fassade eines erfolgreichen Unternehmens aufrechterhalten.

Mit dem Vorhaben, eine Luxusmarke aufzubauen, verschmolz er, auch persönlich. Als Unternehmer verkörperte er seine Gründung wie kein Zweiter, den ich kennengelernt habe. Markantes, braun gebranntes Gesicht, akkurate Frisur, makellos sitzender Anzug – so trat er stets auf. Er hatte eine Vorliebe für Design, Architektur und die schönen Dinge des Lebens. Auf Mallorca erwarb er Ende der 80er-Jahre ein 150 Hektar großes Anwesen im Westen der Insel, dessen Ursprünge 500 Jahre zurückreichen. Das Haus war heruntergekommen und nicht bewohnbar. Aber er baute »Son Coll« über viele Jahre um und aus, züchtete Pferde, spielte Polo, hatte Weinberge und lud Freunde und Mitarbeiter ein, dort ihr Wochenende zu verbringen. Manche Fotos von ihm, die ihn etwa im Stall zeigen mit hohen Stiefeln und einem vor sich im Stroh liegenden Reithelm, wirken wie Gemälde. Während andere Unternehmer sich in Zurückhaltung übten und den Glamour mieden, ging Christian im High-Society-Leben auf. Er war regelmäßig in der »Bunten« und anderen Glamour-Zeitschriften vertreten, suchte und genoss das Scheinwerferlicht und sah darin eine Chance, durch diese Art des Networkings zur Markenbildung beizutragen. Zu seiner eigenen und zu der von Engel & Völkers.

Geneidet oder gar vorgeworfen wurde ihm dieses Leben innerhalb von Engel & Völkers nicht. Selbst in der Krise 2001 kam kaum Kritik auf, wie ich feststellte. In anderen Unternehmen wäre es dem Inhaber wahrscheinlich negativ ausgelegt worden, wenn er sich trotz einer drohenden Zahlungsunfähigkeit in die Sonne Spaniens zurückziehen und nicht ausreichend Präsenz in der Unternehmenszentrale zeigen würde. An Christians Arbeitsethos und seinem Einsatz gab es nie Zweifel. Wenn er in Hamburg war, konnte es passieren, dass ein Budget-Meeting bis zwei Uhr morgens dauerte. Wenn er auf seiner Finca war, wussten alle, dass er nahezu durchgehend am Schreibtisch sitzt und telefoniert. Und das Geld, das Engel & Völkers verdiente, steckte Christian immer postwendend wieder in die Expansion seines Unternehmens. Umsatzwachstum und Aufmerksamkeit, das waren seine Währungen. Profitabilität hingegen spielte für ihn eine nebensächliche, ich würde fast sagen komplett untergeordnete Rolle. Das ging so weit, dass er in Krisen mehr als einmal sein Eigentum auf Mallorca als Sicherheit bei einer drohenden Zahlungsunfähigkeit des Unternehmens einsetzte.

Was mir in der Zeit imponierte, waren seine Hartnäckigkeit und die Euphorie, die er trotz der herausfordernden wirtschaftlichen Lage verbreiten konnte. Seine Überzeugung, dass Engel & Völkers eine große Zukunft bevorstand, schien unerschütterlich. Von diesem Glauben ließ er sich nicht abbringen, egal was auch kam. Dieses Durchhaltevermögen zählte zu seinen großen Stärken. Eine weitere: Christian hatte ein Gespür für Menschen und konnte einschätzen, dass er sich starke Persönlichkeiten wie Mitgründer Dirk Engel an seine Seite holen und welchen Nachwuchs er fördern sollte. Letzteres zeigte sich ebenfalls bei dem bereits genannten Managementmeeting auf Mallorca, an dem der langjährige Finanzvorstand zur allgemeinen Überraschung nicht teilnahm und ohne ein weiteres Wort der Erklärung zu Hause blieb. Stattdessen saß ein neuer, junger Kollege mit am Tisch: Thilo.

Der Neue

Thilo hatte, so erzählte er abends, zuvor bei einem Immobilienportal gearbeitet, das eng mit Engel & Völkers verbunden war und auf dem ich auch schon Immobilien aus meinem Lizenzgebiet auf Mallorca präsentiert hatte. Damals war die kommerzielle Verbreitung des Internets noch in den Anfängen, aber es war bereits erkennbar, dass E-Mails das bis dato gängige Faxgerät ersetzen und Unternehmen dazu übergehen würden, sich im neuen World Wide Web zu präsentieren, darunter auch Immobilienfirmen. Kaufinteressenten konnten sich auf einmal bequem vom Sofa aus die verschiedensten Wohnungen und Häuser ansehen, was die Transparenz deutlich erhöhte. Immobilienmakler standen den Portalen anfangs noch skeptisch gegenüber, weil sie die neue Konkurrenz fürchteten und sie nicht als Vertriebskanäle wahrnahmen. Fakt aber war: Kunden stand das Geschäft ab sofort 24 Stunden am Tag offen, was eine große Veränderung bedeutete. Wir wiederum waren nicht mehr auf die regionale Leserschaft einer Zeitung angewiesen und konnten weniger Inserate schalten. Über die Portale konnten wir potenzielle Kunden weltweit ansprechen.

Als Thilo in der Runde von seinen Erfahrungen berichtete und alle über die künftige Wachstumsstrategie debattierten, hielt ich mich zurück. Für mich war ein solches Meeting Neuland. Ich verstand aber schnell, wer für welchen Ansatz der Expansion stand. Keiner konnte sich gegen die neue Realität wehren, und so wurde allen Teilnehmern bei diesem Meeting klar, dass die Zukunft des Unternehmens ausschließlich von der Vergabe der Lizenzpartnerschaften abhing. Die Rechnung war einfach: Mehr Lizenzpartner führen zu höheren Courtageumsätzen und somit zu höheren Lizenzgebühren – die wiederum die Fixkosten decken und hoffentlich irgendwann dazu führen, dass Engel & Völkers profitabel wird.

Zurück in Hamburg, gab es nach dem Meeting zwei Finanzverantwortliche. Ich hörte, dass die Bereiche nach Debitoren und Kreditoren aufgeteilt waren, aber es war klar erkennbar, dass Thilo die Zukunft gehörte. Und so kam es auch. Ein paar Wochen später erklärte Christian mir in einem vertraulichen Gespräch, dass Thilo den Posten des Finanzvorstands übernehmen würde. Ich konnte mir kein Urteil über die Entscheidung erlauben, hatte es aber dem Vorgänger immerhin zu verdanken, dass er sich ein paar Jahre zuvor stark für meine Lizenzpartnerschaft eingesetzt hatte. Vielleicht wäre ich ohne ihn nie nach Mallorca gegangen und hätte somit auch nicht diese Karriere bei Engel & Völkers hinlegen können.

In den ersten Wochen wurden Thilo und ich nicht warm miteinander. Es fehlte uns am gegenseitigen Verständnis für die jeweils andere Rolle. Aus seiner Sicht muss ich auf Thilo wie ein Sunnyboy gewirkt haben, der ständig zwischen Mallorca, Ibiza und Kitzbühel pendelte, Lizenzen verkaufte und sich manchmal dazu herabließ, für ein paar Tage in Hamburg vorbeizuschauen. Braun gebrannt, wohlgemerkt. Er wiederum wurde in dieser Zeit mit vielen Überraschungen in Bezug auf den finanziellen Zustand des Unternehmens konfrontiert und hatte deshalb kein Ohr für mein vertriebliches Engagement. Kurzum: Es prallten zwei Welten aufeinander.

Das einzige Bindeglied zwischen uns war Christian. Und Christian merkte sehr schnell, dass die Chemie nicht stimmte. Weil er aber offenbar keinen von uns beiden verlieren wollte, lud er uns eines Abends in das neue Restaurant Henssler & Henssler in der Nähe des Fischmarkts ein. Der Laden war restlos gefüllt und enorm laut. Alle Gäste schienen durcheinanderzusprechen. Bei Sushi bemühte sich Christian, zwischen Thilo und mir zu moderieren. Er versuchte, uns beiden das Gefühl zu geben, dass wir uns in den durch ihn anvertrauten Feldern und Aufgaben entwickeln konnten und es genügend Herausforderungen für jeden von uns gab, als dass wir uns gegenseitig das Leben schwer machen müssten. Und Christian hatte recht. Ich wollte und konnte nicht Thilos Aufgaben übernehmen, und Thilo hatte auch kein Interesse an meinen. Wir waren komplementär in unseren Fähigkeiten und somit potenziell ein großer Gewinn für das Unternehmen, wenn beide ihre Fähigkeiten richtig einsetzen würden. Christian hatte das schon sehr früh erkannt, deutlich früher als wir. Und tatsächlich: Ab diesem gemeinsamen Dinner entwickelte sich zwischen Thilo und mir eine Verbundenheit, die über Jahre und Jahrzehnte Bestand haben sollte. Wir wurden so etwas wie der Innen- und der Außenminister von Engel & Völkers. Während ich fast jeden Tag in den Flieger stieg, baute Thilo Prozesse und Strukturen für den Roll-out in der Unternehmenszentrale auf. Wir entwickelten ein eingehendes Verständnis und einen großen Respekt für die Fähigkeiten, aber auch für die Herausforderungen des jeweils anderen.

Es geht wieder aufwärts

Die neue Achse in der Unternehmensführung zahlte sich aus. Ende 2002 hatten wir mehr als 35 Lizenzverträge unterzeichnet. Es kam deutlich mehr Schwung in die internationale Expansion, wir konnten neue Märkte wie Italien und Portugal erschließen, und einen Tag vor Weihnachten nahmen Thilo, Christian und ich das Fax mit dem ersten unterzeichneten Vertrag in Großbritannien erleichtert entgegen. Kurz darauf entwickelten wir das Konzept der Masterlizenzen, wodurch wir Partnern die Hoheit über größere Regionen und sogar Länder übertrugen, und verkauften diese Rechte im folgenden Jahr 2003 sowohl für die Region Algarve in Portugal, Costa Blanca in Spanien, Nordrhein-Westfalen als auch für die Schweiz und Dubai. Die Krise, in der wir zuvor gesteckt hatten, war damit zunächst einmal überwunden. Die Erlöse aus den Lizenzen sicherten uns das wirtschaftliche Überleben.

Aus Christians Sicht kam jedoch im Sommer 2003 eine weitere Herausforderung auf uns zu. Dieses Mal ging es nicht um das wirtschaftliche Umfeld oder unser Produkt. Bei einem gemeinsamen Abendessen wollten wir zu dritt über die weitere Expansion sprechen. Wir saßen bei sehr sommerlichen Temperaturen im Restaurant »Goldfisch« am Isekai und plauderten über die Expansion in Südafrika, das Masterlizenzkonzept und einige gesellschaftsrechtliche Dinge in Bezug auf Engel & Völkers International. Nachdem wir mit dem Hauptgang fertig und bereits beim Kaffee waren, sagte ich fast beiläufig, dass ich auch noch eine kleine Sache ankündigen wolle. Christian und Thilo schauten mich an und dachten bestimmt, ich würde mit irgendwelchem geschäftlichen Kram um die Ecke kommen. »Ich werde im Januar Vater«, sagte ich ganz ruhig und ohne weitere Ausführung. Christian fiel beinahe der kleine Löffel seines Espresso macchiato aus der Hand, und er quälte sich ein schmales Lächeln ab. Für ihn war diese Nachricht zum Abschluss unseres Dinners kein Grund zur großen Freude. Ich war gerade mal 26 Jahre alt, und er fragte sich bestimmt, ob ich nach der Geburt noch gewillt sein würde, weiterhin so viel zu reisen und so einen hohen Einsatz an Zeit und Kraft für unser gemeinsames Unternehmen zu zeigen. Ich dagegen wusste, dass ich nach der Geburt weiterhin Vollgas geben und die Expansion vorantreiben würde.

In den folgenden Jahren waren unsere Strukturen im Vertrieb so leistungsfähig, dass wir zum Ende meiner Zeit als Chief Operating Officer in den Jahren 2013 und 2014 fast alle zwei Tage einen Immobilien-Shop unter der Marke Engel & Völkers weltweit eröffneten. Was dabei half, war auch Christians Drang, sich auf dem internationalen Parkett bewegen zu wollen. Er war ein Meister des Socializings und Networkings. Oft war er es, dem es gelang, Türen zu öffnen, die sonst verschlossen geblieben wären. Egal wo auf der Welt, er kannte jemanden, der Zugang zu der lokalen Society und den Wirtschaftslenkern hatte oder selbst ein Teil dieser Gesellschaft war. Natürlich war nicht jeder Termin ein voller Vertriebserfolg. Aber

Vorstellung unserer Expansionspläne in Dubai

er öffnete wieder andere Türen. Ein Beispiel: Eines Tages gelang es Christian, einen besonderen Termin zu organisieren, um über unsere Expansion nach Hongkong zu sprechen. Unser Gesprächspartner war einer der einflussreichsten Unternehmer der Stadt und ein anerkannter Philanthrop. Er gehörte zu den am besten vernetzten Persönlichkeiten der Stadt, daher wollten wir ihm unbedingt unsere Expansionspläne für die Region vorstellen. Wir wussten, dass er sich nicht selbst finanziell und schon gar nicht operativ für unsere Lizenzpartnerschaft begeistern ließ. Wir hofften aber darauf, dass er uns einige Türen zu weiteren interessanten Gesprächspartnern in Hongkong öffnen würde. Wir fuhren mit dem Fahrstuhl in die oberste Etage, gingen vorbei an einem salutierenden Herrn in perfekt sitzender weißer Uniform und betraten das Büro. Dort begrüßte uns eine Empfangsdame herzlich. Wir sollten noch einen Moment Platz nehmen, bevor es losging, bedeutete sie uns. Es dauerte gefühlt eine Ewigkeit, bis wir endlich vorgelassen wurden. Hinter einem riesigen Schreibtisch mit unzähligen wertvollen Silberrahmen mit Fotos saß in einem eleganten Ledersessel ein nett wirkender, grau melierter Mann. Noch bevor wir seinen Schreibtisch erreicht hatten und ihn begrüßen konnten, sagte er ruhig und bestimmt: »Ich habe nur zehn Minuten Zeit, also kommt lieber gleich zur Sache. Was ist euer Anliegen?« Ich brauchte allein eine Minute, um mich von dem atemberaubenden Blick auf die Skyline loszueisen. Danach gaben wir Gas und stellten Engel & Völkers wieder in den schillerndsten Farben dar. Dann war unsere Zeit auch schon vorbei. Aber es hatte funktioniert. Denn beim Rausgehen gab er uns einen Kontakt und erklärte seiner Assistentin, sie möge unseren Anruf bei seinem Geschäftspartner avisieren.

So hangelten wir uns von einem Termin zum nächsten. Irgendwann reifte bei Christian und mir der Entschluss, dass wir erst einmal selber ein Büro für Asien eröffnen mussten, um ein Team für den Vertrieb zu etablieren. Wir holten Sandra ins Team, die bereit war, unsere Vertriebsbemühungen fortzuführen und ein Team aufzubauen. Es dauerte noch eine Weile, bis wir die Unterzeichnung eines Mietvertrages und kurze Zeit später die Eröffnung unseres ersten regionalen Headquarters Asia in Hongkong feiern konnten.

Eine fordernde Zusammenarbeit

Trotz der Wachstumsraten bei der Zahl der Partner, die auf der Plattform von Engel & Völkers mittlerweile international agierten, und des Courtageumsatzes forderte Christian mich immer wieder heraus. Stillstand akzeptierte er nicht, egal auf welchem Niveau wir gerade angekommen waren. Er drängte darauf, unsere Wachstumsgeschwindigkeit weiter zu erhöhen. Wenn wir in einem Bereich oder einer Region um 20 Prozent zulegten, lautete die Frage, was wir tun müssen, um im nächsten Jahr ein Wachstum von 25 Prozent zu erzielen. Er fragte nicht, ob etwas möglich sei, sondern wollte von mir einen validen Ansatz haben, wie es möglich werden könnte.

Sosehr ich seine Leidenschaft und Energie bewunderte: Sie brachten mich auch an den Rand des Machbaren. In den Winterferien 2012 rief er mich eines Abends an, ich war mit meiner Familie in Kitzbühel beim Skifahren, und wir saßen gerade mit Freunden zusammen beim Dinner im Hotel. Er wollte jedoch, dass Thilo und ich so schnell wie möglich eine Präsentation für Investoren vorbereiten. Natürlich hatte auch ich ein Interesse daran, eine weitere Chance zu ergreifen, um frisches Kapital für unser Wachstum einzusammeln. Allerdings verkürzte sich unser Urlaub durch seinen Anruf schlagartig um ein paar Tage. Meine Familie war nicht begeistert. Andererseits kannte sie das schon.

Während unserer Zusammenarbeit verging kaum ein Wochenende, an dem Christian nicht anrief und fragte, ob er bei mir zu Hause vorbeikommen könne. Eine rhetorische Frage. Wir saßen dann sonntagvormittags in unserer Küche, tranken gemeinsam Tee und diskutierten lebhaft über weitere Wachstumsideen und deren Auswirkungen auf den Erfolg von Engel & Völkers. Zwei, drei, vier Stunden lang ging das so. Dabei zeichnete er vorzugsweise Organigramme. Auf diesem Weg planten und strukturierten wir neue Vorhaben und aktuelle Projekte. Es war wie ein Reißbrett, auf dem wir neue Zuständigkeitsbereiche zuordneten und uns darüber hinaus über das nächste Ziel oder den nächsten Quantensprung verständigten. In der Diskussion mit Christian konnte ich immer wieder feststellen, dass er sich ausschließlich für zwei Ebenen interessierte: Zum einen hatte er schon das große Ganze im Kopf und was es für die Strategie von Engel & Völkers bedeuten würde. Und zum anderen vertiefte er sich zu Beginn einer Idee stets in die Details, um sicherzustellen, dass alles für den Erfolg richtig aufgegleist wurde. An dem Part dazwischen, der praktischen und täglichen Umsetzung, war er sehr viel weniger interessiert. Dafür hatte er mich. Dafür war ich sein Erfüllungsgehilfe. Und ich nahm diese besondere Rolle gerade als COO gerne an. Es war eine Zusammenarbeit, die wir im Laufe der Jahre nahezu perfektionierten. Ich durfte meine Vertriebs- und Umsetzungskraft bei der Eröffnung neuer Standorte und somit der Expansion voll ausleben. Christian konnte seiner Liebe zur Markenpositionierung und dem Marketing nachgehen. Uns einte, dass wir, wenn wir von einem Vorhaben überzeugt waren, wie auf Schienen gesetzt agierten. Wir ließen uns nicht vom Weg abbringen. Und beide kannten wir die Stärken und Schwächen des jeweils anderen. In Meetings mit anderen Gesprächspartnern brauchte ich nur Millisekunden, um seine Stimmung zu erfassen. Ein kaum sichtbares Kopfschütteln oder ein latent desinteressiertes Tippen auf seinem Taschenrechner verrieten mir: So wie wir gerade diskutieren, wird er das aktuelle Thema nicht durchwinken.

Im Jahr 2014 hoben wir unsere Zusammenarbeit auf ein neues Niveau. Seit meiner Rückkehr aus Mallorca und der starken Internationalisierung waren knapp 13 Jahre vergangen, und wir hatten starke Geschäftszahlen für das Jahr 2013 veröffentlicht. Engel & Völkers hatte sich in den letzten Jahren von einem Maklerunternehmen mit starker Präsenz in Deutschland und ein paar vereinzelten Standorten in Zweitwohnsitzmärkten wie Mallorca oder

Kitzbühel zu einem internationalen Player mit mehr als 600 Immobilien-Shops entwickelt, die Mehrzahl davon lag außerhalb von Deutschland. Ich hatte in den vorigen Jahren viel Know-how aufbauen und die Erschließung zahlreicher neuer Regionen und Länder sowie seit dem letzten Jahr die Etablierung des neuen Market-Center-Konzepts vorweisen können. Wie ich in einem späteren Kapitel noch ausführlicher beschreiben werde, steckte dahinter ein für uns völlig neuer Ansatz: Statt Immobilien-Shops mit wenigen Immobilienberatern zu unterhalten, waren wir dazu übergegangen, Großraumbüros mit mehr als 100 Beratern zu eröffnen, um wesentlich größere Gebiete abdecken und Kunden eine Vielzahl von Serviceleistungen aus einer Hand anbieten zu können.

Als dann im Herbst die interne Erklärung rausging, dass Christian und ich uns die Führung des Unternehmens künftig teilen und ich zum Co-CEO ernannt würde, war diese Nachricht keine große Überraschung mehr für die über 5000 Personen unter der Marke weltweit. Wir wussten zwar, dass eine Doppelspitze herausfordernd ist und es in der deutschen Wirtschaft zu dem Zeitpunkt nur wenige erfolgreiche Beispiele für dieses Modell gab. Trotzdem trauten wir es uns aufgrund unserer langjährigen und vertrauensvollen Geschäftsbeziehung zu und glaubten, dass die Arbeitsteilung der richtige Schritt für uns und das Unternehmen sei.

Auf der Jagd nach Profitabilität

2015 gelang es mir, eine weitere Wachstumsfinanzierung für das Market-Center-Konzept mit einem Beteiligungsunternehmen in München abzuschließen. Die Verhandlungen waren herausfordernd, da unser Umsatz zwar stark gestiegen war, die Geldgeber aber daran zweifelten, dass wir auch in der Lage waren, die anvisierte Profitabilität zu erreichen. Bei einem vertraulichen Lunchtermin erklärte mir einer der Partner des Beteiligungsunternehmens seine Bedenken. Ich konnte sie zwar nicht komplett ausräumen, und im Vertrag konnte man sehr gut erkennen, dass er harte Maßnahmen zur Absicherung eingezogen hatte. Aber: Die Wachstumsfinanzierung stand. Schon sehr bald danach flogen Thilo, Frederick und ich nach München, um die Finanzergebnisse des abgelaufenen Quartals zu präsentieren. Frederick kümmerte sich bei uns um das Thema Corporate Finance und war in den Deal komplett eingebunden. Es war unsere erste gemeinsame Präsentation vor dem Team des Beteiligungsunternehmens in München, und wir hatten alle Unterlagen bestmöglich aufbereitet.

Ich begann mit der Präsentation und gab einen allgemeinen Überblick, anschließend übernahm Thilo das Zepter bei den Finanzkennzahlen. Einige waren wirklich beeindruckend. Trotzdem, und das war viel entscheidender, konnten – und wollten – wir die negative Abweichung beim Finanzergebnis nicht schönreden. Unser Wachstum war wieder zulasten der Profitabilität gegangen. Die Zahlen sprachen eine sehr deutliche Sprache. Auch wenn die Atmosphäre beim Meeting konstruktiv war: Der eine Partner gab mir sehr klar zu verstehen, dass sich seine beim Lunch geäußerten Bedenken schon jetzt bewahrheitet hatten. Innerlich ärgerte ich mich maßlos. Ich fühlte mich ertappt. Ich hatte versprochen, mich um die Herausforderung zu kümmern – und jetzt musste ich gleich zu Beginn unserer Geschäftsbeziehung diese signifikante Differenz erklären. Es muss doch möglich sein, das Wachstum weiter stark zu forcieren und trotzdem profitabel zu werden, dachte ich.

Am nächsten Morgen traf ich mich schon sehr früh mit Thilo. Wir beide hatten unabhängig voneinander die ganze Nacht darüber nachgedacht, was jetzt passieren musste, um die Wende einzuleiten. Wir diskutierten und schrieben eine Liste von Maßnahmen runter, um das Unternehmen auf einen profitablen Kurs zu bringen. Wir ließen unseren Gedanken freien Lauf, und das fühlte sich fast befreiend an. Auch unser starkes US-Engagement diskutierten wir ganz offen. Wir vereinbarten, zunächst alles für uns zu behalten und noch weitere Vorschläge zu erarbeiten. Ich wollte zeitnah zu Christian fliegen, der gerade auf Mallorca war, um ihn von unserem Konzept zu überzeugen.

Christian war ein leidenschaftlicher Verfechter des Wachstums, und ich wusste, dass ich sehr gute Argumente brauchte, um einige Wachstumschancen zugunsten der Steigerung der Profitabilität konsequent aufzugeben. Hier ging es nicht mehr um den Feinschliff. Wir mussten über radikale Schnitte nachdenken. Ein paar Tage später saß ich frühmorgens um sechs Uhr im Flieger. Thilo und ich hatten eine kurze Präsentation mit ersten Finanzkennzahlen erarbeitet – vor Ort angekommen, aber wurde schnell deutlich: Christian hatte für einige der vorgeschlagenen Maßnahmen überhaupt kein Verständnis. Ich würde mit ihnen bloß das Wachstum abbremsen, musste ich mir anhören. Ich aber merkte an: So wichtig das ist – um unternehmerisch tatsächlich erfolgreich zu sein, müssen wir auch schwarze Zahlen schreiben. Was mich persönlich ärgerte: Ich war zu dem Zeitpunkt seit über zehn Jahren im Vorstand und hatte noch nie einen Bonus, geschweige denn eine Dividende erhalten, weil unter dem Strich nie ein Gewinn bei der Holding übrig geblieben war.

Das Meeting in München war zwar der Auslöser, aber ich war schon seit längerer Zeit darüber frustriert, dass wir nicht profitabel wirtschafteten. Das Gespräch mit Christian auf Mallorca ging ergebnislos zu Ende. In den darauffolgenden Wochen waren die wenigen

Gespräche, die Christian und ich hatten, sehr unterkühlt und kurz. Wir kamen nicht auf einen gemeinsamen Nenner. Ich hörte nur oft: »Wenn du meinst, aber …« Und Christian und ich wussten, dass »Ja, aber« so viel wie »Nein« bedeutet. Vorerst blieb es also bei dem Satz, den ein Banker mir ein paar Jahre zuvor schon mal gesagt hatte. Seiner Meinung nach stünde das Kürzel E&V für »eingetragener Verein«. Weil wir überhaupt gar keine Absicht erkennen ließen, Gewinne machen zu wollen.

Erste Risse in der Partnerschaft

Christian und ich hatten in all den Jahren immer einen Weg gefunden, gemeinsam und partnerschaftlich E&V auf den nächsten Quantensprung vorzubereiten. Beim nächsten Quantensprung allerdings, nämlich profitables Wachstum zu erreichen, kamen wir einfach nicht auf einen gemeinsamen Nenner. Zwar setzte ich mich in diesem Fall durch. Danach aber sollte ich noch lange das Gefühl haben, dass er mir meine Vorgehensweise und vielleicht auch schon fast radikale Art der Umsetzung nie richtig verzeihen konnte. Auch wenn es finanziell hauptsächlich ihm als Mehrheitsgesellschafter genützt hat.

2018 weihten wir die Immobilie in der Hamburger HafenCity ein, die der international renommierte US-Architekt Richard Meier für uns entworfen hatte, ein – natürlich – schneeweißer Gebäudekomplex mit einer nachts beleuchteten Lamellenfassade. Es war wieder ein rauschendes Fest, wie man es von Engel & Völkers gewohnt war. Lizenzpartner aus aller Welt und einige der besten Immobilienberater reisten an, eine Eventagentur aus Dubai gestaltete das Bühnenbild über die Geschichte von Engel & Völkers. Ich hatte mich detailliert auf meine Ansprache vorbereitet, wir zeichneten einige meiner Weggefährten der vorangegangenen 20 Jahre mit Preisen aus, und auch sonst wollte ich allen meinen Dank und meine Bewunderung für ihre Loyalität und ihren Einsatz aussprechen. Das gelang auch offenbar, denn irgendwann an diesem Abend kam Christian auf mich zu und lobte meine Rede. »Wie Steve Jobs, heute hast du alle mitgerissen«, sagte er. Als er aber am Abend darauf bei der Fortsetzung der Party wieder selbst auf der Bühne stand und das Mikro ergriff, ging sein Dank in viele Richtungen – nur mich würdigte er öffentlich kaum. Am Abend zuvor wurde mir der Eindruck vermittelt, auf dem Zenit meines Erfolgs angekommen zu sein, und dann folgte der – gefühlte – Absturz. Das verletzte mich sehr. Nach dem Abend dachte ich noch oft an die Ohnmacht, die ich in dem Moment verspürt hatte.

Auch bei einem anderen Projekt fanden wir über einen längeren Zeitraum nicht zusammen. Als es um die von mir vorgeschlagenen Rückkäufe von Lizenzen ging, wollte Christian partout nicht darauf eingehen. Er hielt das Risiko für zu groß, ein derart hohes Investment hatten wir zuvor noch nie getätigt. Ich aber war von dem Vorhaben überzeugt und setzte auch ohne seine Zusage – und die der anderen Aktionäre – die Gespräche mit den potenziellen Verkäufern fort. Letztlich gab Christian seinen Widerstand auf, Anfang 2019 kam es zu einem Deal. Auch wenn diese Episode versöhnlich endete: Zwischen uns war ein entscheidender Konflikt entstanden, der uns später auseinanderbringen sollte.

KAPITEL 3

MIT MUT UND DURCHHALTEVERMÖGEN

WIE ES MIR GELANG, DIE USA UND ANDERE IMMOBILIENMÄRKTE ZU EROBERN

Im Sommer 2006 wurde ich mit 29 Jahren in den Vorstand berufen, gerade mal neun Jahre nach meinem Beginn als Auszubildender. Ich wandelte meine Anteile an der Engel & Völkers International GmbH in Aktien der Engel & Völkers AG um und zog ein paar Wochen später mit meiner Frau und meinem Sohn für drei Monate in die USA. Ich wollte das dortige Geschäft aufbauen und gab die Verantwortung für das europäische Lizenzgeschäft temporär ab. Von Frankfurt aus flogen wir nach Miami, dann ging es mit einem Leihwagen weiter nach Naples im Südwesten Floridas, direkt am Golf von Mexiko. Die Gegend ist bekannt für ihre hohe Lebensqualität und ihre beeindruckende Dichte an spektakulären Villen und Anwesen, die oft im zweistelligen Millionenbereich liegen. Hier wollte ich unseren ersten US-Franchisevertrag vergeben.

Der härteste Wettbewerb der Welt

Die USA waren schon damals der mächtigste, professionellste und umkämpfteste Immobilienmarkt der Welt. Es gab Maklerunternehmen mit weit über 100 000 Immobilienberatern unter ihrer Marke und unzählige weitere überregionale und regionale Player. Im Vergleich dazu waren wir nahezu winzig. Bei einer Konferenz in New Orleans ein paar Wochen nach unserer Ankunft nahmen fast 30 000 Realtors teil, und niemand Geringeres als die beiden ehemaligen US-Präsidenten George H.W. Bush und Bill Clinton hielten die Eröffnungsreden. Alles war deutlich größer und zwei, drei Schritte weiter, als wir es aus Deutschland und Europa kannten. Wo unser Platz sein könnte und wie unser Alleinstellungsmerkmal angesichts dieser Konkurrenz aussehen sollte, darauf hatte ich bei meiner Ankunft noch keine Antwort. Zumal ich schnell spürte: Auf ein deutsches Familienunternehmen mit Ursprung an der Elbchaussee und einem jungen, ambitionierten COO wie mir hatte in den USA keiner gewartet.

Dass ich trotzdem voranmarschierte, den Markteintritt von Engel & Völkers organisierte und glaubte, eine Chance zu haben, lag auch an Timo. Er hatte mit mir die Ausbildung bei E&V absolviert und gehörte zu den zwei, drei Personen aus dieser Zeit, zu denen ich noch einen intensiven Kontakt hatte. Nach unserer Abschlussprüfung war Timo zu einem auf Gewerbeimmobilien spezialisierten Wettbewerber im Bereich Handelsflächenvermittung gewechselt. Wenn ich zwischen meinen Reisen in Hamburg war, gingen wir regelmäßig mittags ins Restaurant »Pfeffersack« beim Rathaus, bestellten hanseatische Hausmannskost und sprachen über das Geschäft. Bei einem dieser Termine hatte er mir von seinem letzten Besuch bei seinen Eltern in Florida erzählt und dass auch seine Schwester dort lebte. Ich merkte ihm an, wie sehr er es genoss, Zeit mit seiner Familie in Sarasota an der Westküste Floridas zu verbringen. Fast beiläufig gab er mir zudem zu verstehen, dass er sich vorstellen könnte, dort zu leben – und er berichtete von dem schnell wachsenden Immobilienmarkt. Von da an ging es schnell. Nur ein paar Wochen später flog ich über Atlanta nach Sarasota, um mir einen Eindruck von dem dortigen Markt zu machen – und heuerte Timo an, um den Aufbau zu managen.

Diese Vereinbarung war der Beginn eines irrsinnigen Unterfangens, das mir in den kommenden Jahren viel Mut und zahlreiche schlaflose Nächte abverlangen sollte. Bei keinem anderen Projekt stand ich so stark unter Druck, bei keinem anderen bin ich intern von meinen Vorstandskollegen und Gesellschaftern so hart angegangen worden. Es dauerte mehr als zehn Jahre, bis wir damit erstmals schwarze Zahlen schrieben.

Ein schwieriger Start in den USA

2006, als ich wieder in die USA flog, diesmal mit meiner Familie, ahnte ich davon natürlich noch nichts. Und manchmal ist es auch ein großer Vorteil, wenn man – etwas naiv – einfach losmarschiert und nicht alle Risiken kennt. Für ein mögliches Scheitern war in der Zeit kein Platz in meinem Kopf. Ich war nur auf unsere Expansion fokussiert und wollte Personen treffen, die diese Chance als E&V-Franchisenehmer nutzen wollten. Mit Timo gab es jemanden, dem ich vertraute und der das Geschäft ebenfalls von Grund auf gelernt hatte. In den ersten Wochen kamen wir als Untermieter bei einem anderen Immobilienmakler in Naples unter, in einem eleganten ehemaligen Bankgebäude. Der Eigentümer des Unternehmens war ursprünglich Schweizer und Jahre zuvor nach Florida ausgewandert. Er hörte sich unsere Idee des Roll-out von Engel & Völkers an und zeigte ein gewisses Interesse daran, zu investieren. Aber nicht sofort. Erst wollte er sehen, ob wir selbst erfolgreich sein würden. Er überzeugte Timo davon, seine Maklerzulassung zu machen, eine sogenannte »Salesperson License«, damit Timo unter der Marke E&V erste Objekte in Florida vermitteln durfte. Das war ein großer Unterschied zu den meisten Ländern, in denen wir bislang in Europa tätig waren. Das war aber, wie wir dann erfuhren, nur der Anfang der Zulassungsvoraussetzungen, die wir erfüllen mussten, um später mit dem Franchisegeschäft beginnen zu können. Hamburger Kollegen von uns waren schon seit Monaten mit einem Anwalt in Chicago im Austausch, um alles unter Dach und Fach zu bekommen. Aber schon allein dessen enorme Honorare belasteten uns sehr. Weil wir kurz zuvor auch ein regionales Headquarter in Hongkong für die Erschließung von Asien eröffnet hatten, hatte ich E&V an den Rand des Machbaren gebracht.

Ein Geldgeber musste her, der mit uns gemeinsam den US-Einstieg stemmen würde.

Zwei Jahre zuvor war es mir gelungen, einen Investor als Partner für die sogenannten Masterlizenzen auf den Balearen zu gewinnen. Ich hatte ihn durch Andreas und Malte kennengelernt – die ein perfektes Team waren und die Lizenzen im Südwesten Mallorcas sehr erfolgreich führten. Fast wöchentlich meldeten sie aus meiner alten Heimat Port d' Andratx neue Rekordumsätze und spektakuläre Verkäufe. In Malte habe ich mich oft wiedererkannt. Es gab so viele Parallelen in unserem Werdegang bei Engel & Völkers. Er war auch so jung, als er schon Führungs- und Umsatzverantwortung übernahm und wollte unbedingt die Welt erobern. Aber die größte Stärke, die Malte vorweisen konnte, war seine besondere Art und seine Kommunikationsfähigkeit mit anderen Menschen. Er versprühte immer einen hohen Grad an Optimismus, und seine Energie war ansteckend. Ich hätte mir immer gewünscht, dass er irgendwann an der Spitze von Engel & Völkers mit mir gemeinsam die Welt erobert, aber er machte seinen eigenen, sehr erfolgreichen Weg, und ich bin froh, ihn immer noch als meinen Freund bezeichnen zu können. Neben mir erkannte noch jemand das große Potenzial von Malte. Julia, meine erste Assistenz aus den Anfangszeiten in meinem Immobilien-Shop in Port d‘ Andratx, heiratete diesen klasse Kerl.

Der Investor, der zuvor sein Unternehmen in Deutschland verkauft hatte, war äußerst zufrieden mit seinem Investment in Engel & Völkers. Er vertraute uns und war bereit, über ein weiteres Engagement nachzudenken. Nach ein paar Treffen sagte er mir mündlich zu, bei einem Einstieg in Amerika helfen zu wollen. Allerdings wusste er sehr genau, dass ein Geschäft nur dann zum Erfolg werden kann, wenn man ein sehr gutes Management für sich gewinnen kann – und ich hatte zu dem Zeitpunkt nicht mehr zu bieten als eine PowerPoint-Präsentation und einen Businessplan. Wir hatten weder ein Management engagiert noch ein einziges Objekt vermittelt. Trotzdem rief ich den Investor an und fragte, wann ich mit seiner Unterschrift unter dem Beteiligungsvertrag rechnen könnte. Die Tatsache, dass ich selbst nach Florida gegangen war, überzeugte ihn offenbar. Ein paar Tage später rief er zurück, um mir mitzuteilen, dass er den vereinbarten Betrag zum Erwerb der Anteile bei der Bank angewiesen hatte. Zugleich gab er mir klar zu verstehen, dass er sein Investment in meine Hände legte. Ich sei so von dieser Sache überzeugt, sagte er zu mir, jetzt müsste ich es auch selber anschieben und umsetzen. In den kommenden Jahren hatte ich das immer im Kopf: mein Versprechen ihm gegenüber, dass ich unser Geschäft und damit sein Investment zum Erfolg führen würde.

Im Alltag blieb es weiter zäh. Wenn wir uns am Telefon vorstellten, wurde es meist still am anderen Ende. »What are you doing?«, kam meistens zurück. »Are you a lawfirm?« Weil die Distanzen in Florida groß sind, verbrachten wir viele Stunden im Auto, um von Naples nach Miami oder in andere Gebiete zu fahren. Dann hielten wir eine kurze Präsentation über unsere Lizenzpartnerschaft, beantworteten einige Fragen und fuhren wieder zurück. In Europa hatte ich in den letzten Jahren den Bekanntheitsgrad unserer Marke durch die Vergabe von Lizenzen deutlich gesteigert. Hier waren wir Nobodys, und unsere Gesprächspartner ließen uns das wissen. Keiner wollte einsteigen. Stattdessen forderten sie uns auf, »Skin in the Game« zu zeigen, dass wir uns also selbst an den Investitionen des Lizenzpartners beteiligen sollten, um zu belegen, dass wir von dem künftigen Erfolg überzeugt waren. Das war aber nicht unser Geschäftsmodell. Wir wollten die Strukturen für den

Lizenzvertrieb und die Betreuung von Lizenzpartnern in Florida aufbauen.

Dazu muss man kurz erklären, worin der Unterschied zwischen beiden Modellen liegt. Lizenzen vergibt man in der Regel, wenn ein anderes Unternehmen beispielsweise einen etablierten Namen nutzen möchte. So werden oftmals Parfüms unter bekannten Marken als Lizenz geführt. Von Franchising spricht man dagegen, wenn sich die Nutzung auch auf das operative Geschäft und Systemkomponenten erstreckt – so wie es etwa die Fast-Food-Kette McDonald's macht, das wohl bekannteste Franchiseunternehmen. Als Engel & Völkers 1998 damit begann, Verträge mit Franchisenehmern abzuschließen, kannte diese Art der Zusammenarbeit in Deutschland kaum jemand. Und weil wir auch nicht in einem Atemzug mit McDonald's genannt werden wollten, bevorzugten wir es, von Lizenzpartnerschaften zu sprechen.

Zurück in die USA. Weil auch andere Themen für den dortigen Einstieg organisiert werden mussten, entschied ich, nach New York zu fahren. Meine Frau und unser Sohn kamen mit, aber während sie die Stadt erkunden konnten, verbrachte ich Stunden am Telefon oder in Konferenzräumen, um Kleinigkeiten wie die Einfuhr von Merchandisingartikeln zu organisieren. Nichts konnte ich delegieren, um alles musste ich mich selbst kümmern. Wenn im Hamburger Headquarter das Wort »Amerika« fiel, hieß es bloß: »Ruf Sven an!« Und es blieben nur noch wenige Wochen bis zu meiner geplanten Rückkehr nach Deutschland.

Dann, endlich, zeichnete sich der Durchbruch ab. Ein Ehepaar in Punta Gorda an der Westküste Floridas, südlich von Sarasota, wollte eine Lizenz erwerben. Es war nicht Miami, Naples oder Fort Meyers, wie wir es uns gewünscht hatten. Aber immerhin. Kurz darauf war der Deal besiegelt. Wir hatten es geschafft.

Wir hatten unseren ersten Partner in Amerika für uns gewinnen können.

Nach meiner Rückkehr übernahm ein ehemaliger Lizenzpartner aus Deutschland, der unbedingt nach Amerika wollte, die Leitung und bezog ein kleines Büro in New York. Von dort aus betreute er Timos Masterlizenz in Florida sowie den Immobilien-Shop in Southampton, am östlichen Ende von Long Island gelegen, besser bekannt als Hamptons. In dieser mondänen Gegend, in der vermögende New Yorker gerne ihre Wochenenden und Ferien verbringen, hatte ein Freund von mir, den ich in Hamburg kennengelernt hatte, mithilfe von zwei Investoren ein E&V-Büro aufgemacht. Ich war im ständigen Austausch mit allen dreien und wusste im Detail Bescheid.

Die Probleme nehmen kein Ende

Was dann passierte, hatte ich aber nicht kommen sehen. Im März 2007, als ich nach einem Lunchtermin in Hamburg in unserem Gebäude auf den Fahrstuhl wartete, klingelte mein Handy. Die Southampton-Investoren waren dran, sie hatten das Telefon auf laut gestellt. Ob ich es schon gehört hätte? Sie klangen aufgebracht, ich wusste aber nicht, wovon sie sprachen. »Er ist festgenommen worden«, hörte ich dann und: »Was sollen wir jetzt tun?«

Ich konnte es nicht glauben. Unser Büroleiter in Southampton war verhaftet worden wegen des Besitzes und der Verbreitung von Kinderpornografie. Hunderte Fotos und Videos seien auf seinem Rechner gefunden worden, so der Vorwurf. Ich hoffte, dass sich alles als Irrtum herausstellen und schnell klären würde. Daraus wurde aber nichts. In den Medien schlug der Fall hohe Wellen, auch fast ein Jahr später noch, als eine große Boulevardzeitung meldete, dass sich der Baron für schuldig bekannt habe und bis zur Verkündung seines Urteils in Haft bleiben würde. An eine weitere Expansion in den USA war nicht zu denken. Jedes Gespräch, das wir von da an führten, wurde von diesem Thema überschattet. Uns blieb nichts anderes übrig, als den Kopf einzuziehen und zu versuchen, die nächsten Monate geschäftlich irgendwie zu überleben. Aber auch das wurde massiv erschwert.

Am 9. August 2007 stiegen die Zinsen für Interbank-Finanzkredite sprunghaft an. Auslöser dafür war das Immobiliengeschäft, konkreter: das Immobiliengeschäft in den USA. Der viel zitierte, kulturell stark verankerte »American Dream« sollte es auch Menschen mit kleinem Einkommen möglich machen, ein Haus oder eine Wohnung zu kaufen. Viele dieser Kreditnehmer konnten allerdings keine Sicherheiten vorweisen, was die Zinsen der Kredite, die sie für ihre Immobilie aufnahmen, hochschnellen ließ. Die Banken bedienten das gerne, verdienten sie doch gut an diesem Ansatz, auch weil die Zinsen meist nur für eine kurze Laufzeit festgeschrieben wurden. Sie machten aber noch etwas anderes: Sie bündelten die Kredite mit anderen Produkten in Wertpapieren und verkauften diese neu geschaffenen Papiere anschließend weltweit. Als zunehmend mehr Immobilienbesitzer ihre Hypotheken nicht mehr bedienen konnten, verbreitete sich der Zahlungsausfall wie ein Lauffeuer. Auch andere Banken wurden mit den faulen Krediten infiziert, es entstand eine sogenannte Immobilienblase. Das Angebot an Immobilien war größer als die Nachfrage, die Preise für Häuser und Wohnungen sanken deutlich.

Die Weltfinanzkrise

Am 15. September 2008 crashte die Investmentbank Lehman Brothers. Ich kann mich noch an die Fernsehbilder erinnern, die an diesem Tag um die Welt gingen. Lehman-Mitarbeiter verließen fast fluchtartig und nur mit einem kleinen Umzugskarton in ihren Händen das Bürogebäude und fuhren in schwarzen Limousinen davon. Obwohl sie alle gerade ihren Job verloren hatten, hielt sich mein Mitleid in Grenzen. Von da an überschlugen sich die Ereignisse an den globalen Finanzmärkten. Bundeskanzlerin Angela Merkel musste vor Kameras versichern, dass die Einlagen der deutschen Sparerinnen und Sparer sicher seien. Woanders, wie in Griechenland, gerieten ganze Nationen an den Rand des finanziellen Bankrotts. In dieser Zeit dachten die wenigsten Menschen an den Kauf einer Immobilie, ganz egal, ob es um eine Wohn- oder eine Gewerbeimmobilie ging. Es herrschte die blanke Panik an den Finanz-, aber auch auf den Immobilienmärkten weltweit. Auf der gewerblichen Immobilienseite konnten kaum noch nennenswerte Transaktionen verbucht werden, da sich die professionellen Investoren nahezu komplett zurückgezogen hatten. Die großen, weltweit agierenden Gewerbemakler waren gezwungen, ihre Kostenstruktur der neuen Realität anzupassen, und führten unzählige Kostenreduzierungsprogramme zur Verschlankung ihrer Teams durch. Investoren und Eigentümer ließen Gebäude einfach verwaisen. Die Projekte waren zuvor auf Pump aus dem Boden gestampft worden. Jetzt hatte keiner mehr Geld für die Fertigstellung oder fand Interessenten für die Übernahme. Einige Gegenden gerade in Spanien wurden zu sogenannten Geisterstädten. Insgesamt standen in Europa in dieser Zeit geschätzt mehr als elf Millionen Häuser und Wohnungen leer. Allein in Spanien waren es 3,4 Millionen.

Die Immobilienpreise fielen um rund ein Drittel. Aber auch andere Märkte wie Dubai wurden durch die Krise heftig erschüttert. Vor dem Ausbruch glaubten die Investoren noch an schier endloses Wachstum und das schnelle Geld. Dubai hatte sich zur größten Baustelle der Welt entwickelt. Jetzt mussten die Regierung des Emirats und die Gesellschafter einiger staatlicher Baukonzerne bei Gläubigern um Aufschub für Rückzahlungen von Krediten bitten. Bis zu 60 Großprojekte ruhten, viele andere Projekte wurden ganz abgeblasen. Das Transaktionsvolumen brach komplett ein. Unsere Lizenzpartner, die vor der Krise zu den erfolgreichsten Partnern im Netzwerk gehört hatten, sahen sich gezwungen, ihre Büros zu schließen. Unsere Lizenzeinnahmen aus dieser Region brachen von heute auf morgen komplett weg. Ein Quartal zuvor hatten wir noch Rekordumsätze aus Dubai gemeldet.

Nur mit größten Anstrengungen waren wir in der Lage, das Überleben von Engel & Völkers zu sichern. Gehaltsverzichte, Anpassungen der Kostenstruktur und unzählige Finanzierungsgespräche mit Banken und Gesellschaftern gehörten jetzt zum Alltag. In jeder Krise steckt aber auch eine Chance. Auch wenn die Anzahl der Immobilientransaktionen und auch die Kaufpreise stark einbrachen, gab es immer noch Transaktionen. Gerade im Wohnimmobilienbereich. Wohnen ist ein Grundbedürfnis. Und so hart es auch klingt, aber durch Familienzuwachs, Tod oder Wegzug aufgrund eines beruflichen Wechsels gibt es ständig Veränderungen, und diese schlagen sich im Verkauf oder Kauf von Immobilien nieder. In Krisen gibt es weniger Transaktionen, und auch die Kaufpreise können fallen. Aber einen Stillstand gibt es nie! Wir wollten zunächst einmal die Krise als Unternehmen überleben, dann aber aus dieser Krise gestärkt hervorgehen und waren daher bereit, in zukünftiges Wachstum zu investieren. Dafür mussten wir unsere

Führungsmannschaft zusammenhalten und auch Perspektiven bieten. Ich war gezwungen, einen Weg zu finden, auf dem wir einerseits viele Kosten und auch Investitionen auf den Prüfstand stellten, andererseits aber auch klug und ökonomisch nachhaltig investierten. Ich war davon überzeugt, dass wir in den Vertrieb unseres Lizenzprodukts investieren mussten. Gerade aufgrund der herausfordernden Rahmenbedingungen an den Immobilienmärkten war jetzt der richtige Zeitpunkt, unser erfolgreich etabliertes Lizenzprodukt noch stärker zu vermarkten. Besonders in unsicheren Zeiten suchen die Menschen nach starker Unterstützung und Führung. Beides konnten wir mit unserem Produkt bieten.

Der Markt erholt sich wieder

In den folgenden Jahren erholte sich der Markt nach und nach. Wir eröffneten weitere Büros, die Zahl der Agents nahm zu, die Umsätze stiegen. Zugleich aber stiegen auch die Kosten. Das Geschäft war noch weit davon entfernt, schwarze Zahlen zu schreiben. Das machte unsere Gesellschafter sehr nervös. 2013 erklärten sie, dass wir unsere US-Aktivitäten überdenken oder ganz einstellen sollten. Ich fühlte mich persönlich angegriffen. In den sieben Jahre bis hierhin hatte ich alles gegeben, um ein Unternehmen von der Elbchaussee in Hamburg auf die große internationale Bühne zu bringen. Das Bestreben, im globalen Wettbewerb eine bedeutende Rolle zu spielen, gefiel allen. Meiner Meinung nach aber träumten alle Gesellschafter immer bloß von hohen Unternehmensbewertungen, waren jedoch nicht bereit, den Preis für die zukünftige Profitabilität zu zahlen. Mir war bewusst, wie stark uns das US-Geschäft belastete. Aber anders als bei den europäischen Kernmärkten, die wir bald erschlossen hatten, bot es die Chance auf ein hohes Wachstum bei den Immobilienberatern. Und erst kurz zuvor hatte ich den für mich richtigen Flügelmann gefunden, der die Leitung in New York für Amerika übernommen hatte: Anthony, der sich – wie ich später noch erklären werde – als großer Glücksfall für E&V und mich herausstellen sollte. Ihm und seinem Team hatte ich versprochen, dass ich mich um die richtigen Rahmenbedingungen kümmern würde.

Auf der Finca von Christian Völkers auf Mallorca kam es zu einem emotionalen Treffen. Ich musste wieder Klagen über mich ergehen lassen, wie sinnlos unsere Expansion in den USA sei und dass wir doch das Geld deutlich besser im Lizenzsystem in Europa investieren könnten. Ich erklärte abermals, dass auch der Know-how-Transfer von unschätzbarem Wert sei, und verwies auf die ersten Erfolge der Market Center. Ohne Amerika wären wir vielleicht nie auf diese Idee gekommen und hätten nicht einen solchen Quantensprung hinlegen können. Meine Argumentation beruhigte die anwesenden Gesellschafter nicht. Auch innerhalb des Vorstands wurden die Aktivitäten in Amerika immer skeptischer gesehen. Kaum einer wollte sich damit noch inhaltlich auseinandersetzen. Ich war auf mich allein gestellt und verstand nicht, warum kein anderer das Potenzial erkannte. Ein Rückzug kam für mich nicht infrage.

Endlich Erfolg in den USA

Ich machte den anwesenden Gesellschaftern und somit auch Christian Völkers ein Angebot. Aus vollster Überzeugung sagte ich: »Ich bin bereit, alle meine Anteile an der Engel & Völkers AG gegen

Anteile an der US Holding zu tauschen.« Christian schaute mich sehr erstaunt an. Er wusste, dass ich es ernst meinte. Mein Angebot wurde trotzdem nicht angenommen. An der Herausforderung, die Gesellschafter von der US-Expansion zu überzeugen, änderte sich nichts.

Weder in dem Moment noch bis zum Ende meiner Zeit bei Engel & Völkers. Es sollte noch bis zum Jahr 2019 dauern, bis ich endlich auf der alljährlichen Weihnachtsfeier verkünden durfte, dass das Jahr super gelaufen war, wir auf mehr als 800 Millionen Euro Courtageerlöse gekommen waren und an der Marke von 10 000 Immobilienberatern weltweit kratzten. Vor allem aber hob ich hervor, dass sich unser Geschäft in Nordamerika zu meiner großen Freude äußerst erfolgreich entwickelte. Und das blieb auch außerhalb des Unternehmens nicht unbemerkt. Stefan Swanepoel, CEO der Swanepoel Group, einem der einflussreichsten Beratungsunternehmen der Immobilienbranche, erklärte: »Engel & Völkers ist das erste nichtamerikanische Immobilienunternehmen, das es in den USA geschafft hat.«

Dieser Satz war für mich wie ein Ritterschlag. Er zeigte mir, dass sich alle Anstrengungen beim Aufbau unseres Geschäfts in Amerika gelohnt hatten.

Obwohl wir rückblickend betrachtet das einzige europäische Immobilienmaklerunternehmen sind, dem der Markteintritt und die Expansion in den USA und später auch in Kanada gelungen sind, hat mich kein Gesellschafter der AG dabei unterstützt. Der Einzige, der mir in der größten Not zur Seite stand, war Christian Völkers. Nur er konnte nachvollziehen, warum ich mich so vehement für die Unternehmung einsetzte.

War es mutig von mir, alles auf eine Karte zu setzen? Sicher. Andererseits ist Mut ein relativer Begriff und wird von jedem anders empfunden. In anderen Bereichen bin ich kein mutiger Mensch. Beim Polo zum Beispiel. Vor vielen Jahren habe ich mal mit diesem Sport begonnen, dann aber gemerkt, dass man, wenn es im Spiel hart auf hart kommt, durchziehen muss. Man darf nicht zurückschrecken. Das nutzen Gegner sofort aus. Das heißt aber auch: Die Gefahr, dass man sich und das Pferd verletzt, ist immer gegeben. Und bei der Wucht des Spiels und der irren Geschwindigkeit, mit der die Tiere unterwegs sind, muss man feststellen: Wenn es knallt, dann knallt es richtig. Das wiederum ist nichts für mich. In diesen Momenten habe ich immer zurückgezogen. Ich war nicht bereit, meine Gesundheit aufs Spiel zu setzen. Mit diesem Risiko fühlte ich mich nie wohl.

Im Geschäft ist das anders. Wenn es darum geht, unternehmerisch meine Komfortzone zu verlassen, bin ich zu größeren Wagnissen bereit – weil ich in diesem Bereich ein sehr viel feineres Gespür dafür entwickelt habe, wo die Grenzen meiner kalkulierten Offensive liegen und ab wann ich unkontrollierbares Terrain betrete. Bei dem US-Investment gab es auch unliebsame Überraschungen, auf die sich keiner hätte vorbereiten können. Aber ich wusste immer, dass ich im Zweifel ein letztes Ass im Ärmel hatte: mich. Wenn sämtliche Stricke gerissen wären und ich keine vertrauensvollen Führungskräfte mehr gefunden hätte, wäre ich selbst nach Amerika gegangen, und das nicht nur für drei Monate wie im Jahr 2006. Es wäre nicht mein Wunsch gewesen. Aber dieses Vertrauen in mich und meine Fähigkeiten gab mir das Selbstvertrauen und die Ruhe, über all die Jahre an dem Plan festzuhalten. Trotz aller Rückschläge, Kosten und zum Teil Beschimpfungen, die ich ertragen musste.

Griechenland in der Depression

Dieser Gedanke trieb mich nicht nur in den USA an. Er führte mich im Sommer 2018 auch nach Athen. Dort marschierte ich zu Fuß viele Straßen in den Wohngegenden von Kolonaki, Glyfada, Plaka und der Athena Riviera ab, um zu sehen, wie hart die Finanzkrise die griechische Wirtschaft getroffen hatte. Überall standen Ladenlokale leer und waren mit Gittern verbarrikadiert. An viele Hauswände waren Graffitis gesprüht worden. Einige Straßenzüge machten einen heruntergekommenen Eindruck, und auch öffentliche Parkanlagen waren ungepflegt und teilweise sich selbst überlassen.

Zu dem Zeitpunkt befand sich Griechenland schon seit zehn Jahren in einer Rezession; in den ersten fünf büßte es ungefähr 26 Prozent seines realen Bruttoinlandsprodukts ein. Aufgrund einer extrem hohen Staatsverschuldung und einer schwachen Wirtschaft verschlechterte sich die wirtschaftliche Lage der meisten Griechen in dieser Zeit dramatisch. Die strikten Sparauflagen der internationalen Gläubiger führten zu dramatischen Einbußen. Es gab Kürzungen bei der Rente, der Mindestlohn fiel auf weniger als 600 Euro im Monat, Steuererhöhungen und Privatisierungen waren die Folge. Die Arbeitslosigkeit stieg auf fast 28 Prozent, und die Jugendarbeitslosigkeit war noch höher. Die Fachkräfte verließen in Scharen das Land. Diese Krise wurde auch als griechische Depression bezeichnet.

Im Januar 2015 kam es zu einem Regierungswechsel. Die Verhandlungen über ein weiteres Rettungspaket scheiterten, der Regierungschef brach die Verhandlungen ab und setzte ein Referendum an. Das Parlament beschloss mit überwältigender Mehrheit, das Referendum durchzuführen. Als Gegenmaßnahme stoppte die EZB den Kapitalverkehr zu den griechischen Banken. Der griechische Finanzminister führte daraufhin Kapitalverkehrskontrollen ein. Im Juni wurde der Auslandstransfer vollständig unter staatliche Aufsicht gestellt. Bargeldauszahlungen durch Banken wurden auf 60 Euro pro Tag beschränkt. Einen Monat später einigten sich die Staats- und Regierungschefs der Eurozone auf die Rahmenbedingungen für die Aufnahme von Verhandlungen über ein drittes Rettungspaket. Griechenland bekam ab dem Jahr 2010 knapp 300 Milliarden Euro. Erst im August 2018 endete das dritte Kreditprogramm für das immer noch hochverschuldete Griechenland, das aber den Europäischen Stabilitätsmechanismus (ESM) verlassen konnte.

Ich war in den Jahren zuvor immer wieder in Griechenland gewesen und hatte die aufgeheizte Stimmung auf den Straßen gegen die drastischen Sparauflagen erlebt. An einen funktionierenden Immobilienhandel war gar nicht zu denken. Internationale Investoren machten einen großen Bogen um Griechenland. Die Banken waren nicht in der Lage, Hypotheken für Immobilien zu vergeben. Die Zahl der Transaktionen und die Preise für Immobilien brachen dramatisch ein. Die sonst so begehrten Ferienwohnsitze an der Küste oder auf einer der vielen Inseln wurden kaum nachgefragt. Die Unsicherheit in Bezug auf die Entwicklung war einfach zu groß.

Ab 2017 hörte ich jedoch von den ersten Investoren, dass sie wieder bereit waren, in Athen zu investieren. Aufgrund der sehr niedrigen Quadratmeterpreise, auch in guten Wohnlagen der Hauptstadt, herrschte bei einigen ausländischen Geldgebern die Ansicht, dass es viel schlimmer gar nicht mehr kommen konnte und die griechische Hauptstadt mit ihren 3,15 Millionen Einwohnern ein großes Wachstumspotenzial hätte. Die Stimmen waren zwar noch sehr vereinzelt, aber ich konnte ihrer Sicht folgen und beschäftigte mich ein wenig mit den Marktgegebenheiten. Ich glaubte an unsere Chance, früh in den Markt einzusteigen.

Einen Monat vor meiner Reise nach Athen hatte ich im Mai 2018 ein Meeting in meinem Büro organisiert, um mit weiteren Kollegen aus dem Vorstand und Bereichsleitern über ein mögliches Engagement zu sprechen. Ich wollte erfahren, welche Chancen und Risiken sie sahen. Bei dem anderthalbstündigen Treffen hörte ich von den sieben Teilnehmern sehr viele Bedenken. Keiner konnte sich zu dem Zeitpunkt ein Investment von Engel & Völkers vorstellen. Sie zählten unter anderem den nicht funktionierenden Hypothekenmarkt, das wahnsinnig niedrige Transaktionsvolumen und die politischen Unsicherheiten auf. Ich hörte mir die Gründe geduldig an, fragte nach, äußerte mich aber noch nicht klar zu meiner Position. Am Ende erklärte ich, dass ich ein großes Interesse daran hätte, weitere Market Center zu eröffnen, und das vielleicht auch in Athen. Und dass ich die Absicht hätte, ganz bald nach Athen zu fliegen.

Vor Ort schaute ich mir ein paar von Maklern angebotene Wohnungen an. Die Preise waren nicht mehr vergleichbar mit denen in anderen Hauptstädten oder Metropolen Europas. Der Quadratmeterpreis lag teilweise deutlich unter 1000 Euro. Die Gebäude und deren Gemeinschaftsfläche waren zum Teil in einem sehr schlechten Zustand. Überall fehlte das Geld für notwendige Investitionen. Nach meiner Rückkehr brauchte ich ein paar Tage, um alle Eindrücke und Gespräche zu verarbeiten. Dann aber stand mein Entschluss fest. Wir mussten es probieren. Wir mussten ein Market Center in Athen eröffnen.

Zusammengefasst war mein Gedanke ganz einfach: Nach jeder Krise kommt der Aufschwung. Griechenland war über acht Jahre durch eine sehr harte Zeit gegangen und musste viele Umstrukturierungen über sich ergehen lassen. Aktuell sprachen viele Fakten gegen meine Intuition. Aber wenn wir künftig eine Rolle bei der Vermittlung von Immobilien in Griechenland spielen wollten, mussten wir früh investieren. Später habe ich noch häufiger mit Martin und Matthis, unserem Global Head of Legal und unserem späteren CFO Americas, über das Meeting in meinem Büro gesprochen. Jedes Mal erzählte Martin dann, auch vor anderen Personen, wie sehr er darüber gestaunt hat, dass mir sieben Personen erklärten, wie wenig Sinn ein Engagement in Griechenland machen würde – und dass ich trotzdem gegen den Strom geschwommen bin. Zu meinem Erstaunen waren die Aktionäre, darunter Christian und Michael, nach meiner Reise nach Athen sofort von der Idee überzeugt und unterstützten mich tatkräftig. Dieses Mal zogen alle an einem Strang.

Ein Jahr später war es so weit. Im Mai 2019 luden wir zu einer Pressekonferenz in Athen und berichteten zahlreichen Journalisten von unserer Eröffnung eines Market Centers. Für die Medien war es eine willkommene Botschaft, dass ein großes deutsches Immobilienunternehmen investiert und an die positive Entwicklung des Immobilienmarkts in Athen und ganz Griechenland glaubt. Zur Feier am Abend kamen Gäste aus Wirtschaft und lokaler Politik, auch ein bekannter Fernsehsender berichtete. Es gelang uns, zahlreiche gut ausgebildete Immobilienberater für uns zu begeistern. Natürlich hatten viele, gerade junge Griechen das Land verlassen, um die Chance auf einen Job außerhalb ihrer Heimat zu nutzen. Bei Gesprächen mit unserem Managementteam und den Immobilienberatern vor Ort war ich fasziniert von dem Durchhaltewillen und der trotz aller Herausforderungen grundsätzlich positiven Einstellung der Menschen. Ich spürte eine gewisse Aufbruchstimmung. Das Team in Athen war dankbar, dass wir an den

Immobilienmarkt in Griechenland glaubten, und das Engagement vieler im Team war enorm.

Hinzu kam, dass wir aufgrund der immer noch schlechten wirtschaftlichen Lage zwangsläufig profitierten. Im Vergleich zu anderen Ländern mussten wir fürs Marketing nicht so viel ausgeben, um eine große Wirkung zu erzielen. Die Preise für die Präsentation von Immobilien auf Immobilienportalen oder sogar die Bekanntgabe des Markteintritts von Engel & Völkers auf riesigen Werbetafeln waren noch niedrig. Es gelang uns schnell, in der Stadt Athen und an der Athener Riviera visuell sehr präsent zu sein und unsere Marke bekannt zu machen. Wir haben uns im Markt fast schlagartig ausgebreitet und damit die Eintrittsbarriere für andere Wettbewerber hochgezogen. Wir investierten viel in Pressearbeit, gerade in Deutschland, aber auch in Großbritannien, um die Chancen, die aus unserer Sicht bei Investitionen in den Immobilienmarkt in Griechenland lagen, einem breiten Publikum besser zu erklären. Nach und nach gelang es dem Team, erfolgreiche Transaktionen zu vermelden. Die Nachfrage stieg an. Wir konnten in dieser Anfangszeit sowohl Abschlüsse im Erstwohnsitzmarkt von Athen als auch bei Ferienobjekten auf der Inselgruppe der Kykladen im Ägäischen Meer feststellen. Eine große Herausforderung war dagegen der Hypothekenmarkt. Dieser funktionierte nicht so schnell, weil viele Kaufkunden in dieser Zeit von ihren Banken keine Finanzierungen bekamen. Es dauerte noch mehrere Jahre, bis der Hypothekenmarkt anlaufen sollte. Unterm Strich betrachtet stieg die Nachfrage aber stetig an – und unser Büro entwickelte sich zu einem starken Wachstumsmotor innerhalb des Netzwerks von Engel & Völkers.

Erwerb der Masterlizenz NRW

Auf ein weiteres Projekt musste ich selbst erst gestoßen werden. Und dieses Mal nicht nur Widerstände im eigenen Haus überwinden, sondern auch ein paar Umwege nehmen. Alles begann Ende 2014, als meine Mitgesellschafter und ich unsere Masterlizenz für Nordrhein-Westfalen sowie unsere Immobilien-Shops in Düsseldorf, Köln, Essen und an der Côte d'Azur an eine Private-Equity-Firma aus München verkauften. Ein ehemaliger Geschäftsführer von Engel & Völkers fädelte den Deal ein, beteiligte sich an der neuen Struktur und übernahm auch die operative Verantwortung. Das brachte mich zum Nachdenken. Die Käufer sahen großes Potenzial in den Büros. Wir hingegen, die Lizenzgeber, hatten uns überhaupt nicht mit dem Ankauf beschäftigt. Was sahen sie, was wir übersahen? Eigentlich konnte ich mir selber diese Frage beantworten. Denn nach meiner Rückkehr aus Mallorca nach Hamburg investierte ich selber in das Lizenzprodukt von Engel & Völkers in Deutschland und kaufte mit einem Kollegen aus der Geschäftsführung von Engel & Völkers die Masterlizenz Nordrhein-Westfalen. Mein Partner Jörg war damals verantwortlich für die deutschen Wohnimmobilienbüros und hatte ein Jahr vor mir bei Engel & Völkers angefangen. Wir übernahmen nicht nur die Masterlizenz Nordrhein-Westfalen, sondern auch die operativen Büros in Düsseldorf und Köln. Wir waren davon überzeugt, dass wir mit dem Betreiben eigener Büros nicht nur das Lizenzprodukt besser darstellen, sondern auch den Courtageumsatz und somit den Profit deutlich erhöhen konnten. Auch wir sahen damals das große Potenzial in den eigenen Büros. In Düsseldorf gab es ein kleines, wunderschönes Häuschen, welches das Büro seit Jahren in der Oberkasseler Straße beheimatete. Birgit hatte die Leitung kurz zuvor übernommen und versuchte, das Team zusammenzuhalten, das in der Zusammenarbeit mit der Unternehmenszentrale in Hamburg durch eine sehr schwere Zeit gegangen war. Thilo als Finanzvorstand musste mehrmals wütende Personen aus dem Team Düsseldorf vor der Unterzeichnung des Masterlizenzvertrags am Telefon beruhigen. Sie wollten wissen, wann wieder Liquidität zur Auszahlung von Provisionen an Immobilienberater zur Verfügung gestellt würde. Mein neuer Geschäftspartner Jörg hatte natürlich aufgrund seiner Position als neuer Verantwortlicher für die Wohnimmobilienbüros in Deutschland schon eine gewisse Beziehung zu Birgit, aber auch zu dem Team der Immobilienberater, das ausschließlich aus Frauen bestand – darunter einige sehr starke Persönlichkeiten. Ich glaube, bei mir fragten sich alle im Team Düsseldorf, warum ich auf einmal dabei war und was ich wohl für eine Rolle einnehmen würde. Mich nahmen ja zu dieser Zeit eigentlich nur die Lizenzpartner und deren Teams im Ausland wahr. Neben Düsseldorf wollten Jörg und ich auch ganz schnell ein eigenes Büro in Köln eröffnen. Es gelang uns, Burkard dafür zu gewinnen, der zuvor als Büroleiter für Engel & Völkers in Hamburg und Kassel gearbeitet hatte. Birgit und Burkard wurden – genauso wie Jörg und ich auch – Gesellschafter der Masterlizenz Nordrhein-Westfalen, und wir bauten in den nächsten zwölf Jahren ein sehr erfolgreiches Business auf. Beim Exit 2014 hatten wir gemeinsam eigene Immobilien-Shops in Düsseldorf, Köln, Essen sowie in Cannes und Saint-Jean-Cap-Ferrat an der Côte d'Azur, dazu Lizenzpartner, die wir gemeinsam seitens der Masterlizenz Nordrhein-Westfalen akquiriert und aufgebaut hatten. Ich entwickelte durch diesen Kauf der Masterlizenzrechte für das größte deutsche Bundesland, das für etwas mehr als 20 Prozent des gesamten Transaktionsvolumens in Deutschland steht, eine hohe Expertise für das Betreiben eigener Büros und die

Vergabe von Lizenzen. Mit diesem Schritt war ich nicht mehr nur Mr. International, sondern konnte jetzt auch hierzulande Expertise vorweisen. Diese Erfahrung war der Grundstein für meine spätere Entschlossenheit, durch Lizenzrückkäufe, sogenannte Buy-backs, profitabel zu wachsen. Zunächst einmal sahen andere Investoren eine große Chance in diesem Geschäftsmodell. Aber warum machten wir als Lizenzgeber mit unserem Know-how nicht diesen Deal? Mussten wir nicht größere Chancen haben, weil unser Zugang zu Informationen wesentlich besser war und wir die jeweiligen Märkte und die handelnden Personen vor Ort schon länger kannten?

Gamechanger: Rückkauf von Lizenzen

Zu dem Zeitpunkt hatten wir in der Unternehmenszentrale zwar viel Kompetenz aufgebaut im Führen von Franchisenehmern. Eigene Büros hingegen hatten wir bis auf die ersten Market Center nicht mehr. Trotzdem – oder auch gerade deshalb – war ich in dem Moment angefixt. Der Gedanke, wieder eigene Büros in Deutschland zu führen, reizte mich. Persönlich hatte ich viele positive Erfahrungen mit meinen eigenen Büros in Nordrhein-Westfalen gesammelt. Bei den anderen Aktionären stieß ich damit nicht auf Gegenliebe. Warum sollen wir für viel Geld Lizenzrechte zurückkaufen, um sich das wirtschaftliche Risiko ins eigene Haus zu holen?, fragten sie. Mein Gegenargument für das Buy-back-Modell: Natürlich würde das operative Risiko steigen. Zugleich aber böten sich Chancen auf höhere Gewinne als vorher. Durchsetzen konnte ich mich allerdings nicht. Der Widerstand im Frühjahr 2015 war zu groß.

Ein paar Jahre später, im Herbst 2018, versuchte ich es erneut. Die Private-Equity-Investoren aus München hatten in der Zwischenzeit zu unserer damaligen Masterlizenz NRW und den Immobilien-Shops weitere Shops in Hannover, dem Taunus und München in ihr Netzwerk integriert. Dazu kamen noch Gewerbestandorte in Hannover und Braunschweig. Für mich lag es auf der Hand, dass ein solcher Zukauf und die damit verbundenen einzigartigen Möglichkeiten unsere Marktstellung in Deutschland deutlich positiv beeinflussen würden. Wir führten mit Erfolg unsere Market Center in Spanien, und auch unsere Market Center in Rom und Dubai liefen sehr gut an. Warum sollten wir nicht in der Lage sein, auch hierzulande eigene Büros zu betreiben? Wir hatten die Performance der Standorte über Jahre, teilweise sogar über Jahrzehnte verfolgen können. Auch entwickelte sich unser erster eigener Standort, der Hamburger Westen, sehr positiv; wir hatten ihn zwei Jahre zuvor von einem Lizenzpartner übernommen. Die Elbvororte waren unsere Heimat. Hier hatte alles vor über 40 Jahren begonnen, und Christian und ich lebten mit unseren Familien in diesem Teil von Hamburg. Es war also für uns ein Leichtes, die Aktivitäten in den Elbvororten zu begleiten. Wir waren hier bestens vernetzt und hatten den Anspruch, diese Region zum Vorzeigestandort auszubauen.

Ich wollte aber noch mehr. Ich dachte inzwischen über den großen Wurf nach, über den Rückkauf vieler Standorte – am besten meiner alten Standorte. Wenn wir jetzt nicht zugriffen, so meine Meinung, würde eventuell eine andere Investorengesellschaft den Deal machen. Einzig die Größe des Rückkaufs bereitete mir Kopfschmerzen. So etwas hatten wir noch nie gewagt. Das sahen auch die Gesellschafter so und blieben deshalb äußerst kritisch. Christian Völkers ebenfalls. Wir sprachen häufig über das Projekt und mussten feststellen, dass wir es sehr unterschiedlich bewerteten. Mir wollte es nicht in den Kopf gehen, warum sich branchenfremde Investoren in der Lage fühlten, ein Management für das Führen dieser

Büros zu gewinnen – und wir, die alle Stellschrauben für den Erfolg zum Betreiben von Immobilien-Shops und Market Center unter unserer Marke kannten, uns das nicht zutrauten. Ich sah darin einen Turbo für schnellere, größere Sprünge beim Gewinnwachstum, musste aber anerkennen, dass die Fronten im Vorstand, Aufsichtsrat und bei den Aktionären verhärtet waren. Nur Thilo unterstützte mich.

Eine Ausnahme war auch Michael, unser Vice Chairman. Er hatte sich noch nicht festgelegt und wollte von mir noch einmal sehr genau über die möglichen operativen und finanziellen Risiken informiert werden. Nachdem ich ihm meine Einschätzung geschildert hatte, bat er Thilo und mich, eine mögliche Finanzierung des Deals mit der Bank zu besprechen. Ein kleiner Schritt, wie ich fand. Aber immerhin einer in die richtige Richtung. Unser Ansprechpartner bei der Bank hörte sich unseren Rückkaufplan und speziell den Erwerb der vielen Standorte in Deutschland an und ließ anhand seiner Aussagen und Fragen erkennen, dass er die Finanzierung bewilligen würde. Wir sprachen daraufhin mit Christian und vereinbarten für ihn auf seinen Wunsch hin ebenfalls einen Termin mit der Bank. Kurz danach gab er seinen Widerstand auf. Jetzt musste ich nur noch eine Einigung mit den Münchner Investoren finden. In einigen kleineren Punkten wurden wir uns schnell einig, aber bei den dicken Brocken – dem Kaufpreis und bei möglichen Garantien – kamen wir nicht zu einem Durchbruch. Immer neue Meetings wurden angesetzt, in unserem Büro, in München und im Hotel am Hamburger Flughafen – und trotzdem kein Vorankommen. Was dazu führte, dass wir selbst an den Weihnachtstagen und über den Jahreswechsel im Dauereinsatz waren und stundenlange Abstimmungsgespräche am Telefon führten. Anfang Januar war es dann endlich so weit. Die Verträge konnten unterzeichnet werden. Wir trafen uns in unserer Unternehmenszentrale und liefen zu Fuß zur Bank in der noblen Einkaufsstraße Neuer Wall. Wir unterhielten uns, bis Christians Bruder Thomas Völkers immer langsamer wurde, schließlich stehen blieb und mich anschaute. »Sven, du weißt schon, wenn diese Sache schiefgeht, dann haben wir alle ein richtiges Problem. Wir haben noch nie eine so große Einzelinvestition finanziert …« Es war eine letzte – gut gemeinte – Warnung an mich.

Aber jetzt konnte mich nichts mehr umstimmen. Wir setzten unsere Unterschriften unter die Dokumente, gingen zum Notar und brachten auch dort alles unter Dach und Fach. Nach knapp zehn Stunden und vielen kleinen Unterbrechungen für die letzten Abstimmungen verließen wir das Büro weit nach Mitternacht.

Eine Woche später startete ich meine Tour durch die Immobilien-Shops, um mich bei den Teams vorzustellen und erste Einblicke zu bekommen. Einige Gesichter kannte ich noch aus meiner Zeit als Gesellschafter der Masterlizenz Nordrhein-Westfalen. Es fühlte sich richtig gut an, dass diese Standorte jetzt zu unseren eigenen Büros gehörten. Wie sich später herausstellen sollte, wurde mein Ansatz – der Rückkauf von Lizenzen – wirklich zum Gamechanger in Bezug auf profitables Wachstum.

Auch wenn Christian Völkers lange gegen den Rückkauf der Lizenzen war und das Investment zunächst scheute: Er war es, der die grundsätzliche Risikobereitschaft vorlebte und früh eine Kultur etabliert hatte, die solche Projekte möglich machte. Seine wahrscheinlich wegweisendste Entscheidung war es, mir, einem gerade mal 24-Jährigen, der nur wenig vorzuweisen hatte, den Schlüssel für das internationale Geschäft in die Hand zu drücken. Nur fünf Jahre später machte er mich zum Vorstand, was auf dem herkömmlichen Weg und in vielen Unternehmen unterschiedlichster

Branchen sonst erst mit 40 Jahren als möglich erachtet wurde. Mit diesem Entschluss stellte er sich gegen die gesellschaftlichen Normen und musste sich dafür auch regelmäßig rechtfertigen. Davor hatte ich großen Respekt. Das hat mir imponiert und mich ermutigt, selbst nicht immer den gängigen Pfad einzuschlagen, sondern nach neuen Wegen zu suchen. Darüber hinaus verband uns auch eine Portion Trotz, die uns dazu verleitete, es allen anderen zeigen zu wollen, gerade dort, wo sie gescheitert waren. In Amerika hatte es bisher kein europäischer Immobilienvermittler zu nennenswerter Größe gebracht? In Griechenland ist es noch zu früh, um dort einzusteigen? Wir haben kein Know-how, und das Risiko ist zu hoch, um eigene Büros zu betreiben? Das wollte ich in diesem Fall nicht auf mir sitzen lassen, bevor ich es nicht selbst versucht hatte. Bei diesem Geschäftsmodell der Lizenzrückkäufe und dem damit verbundenen Betreiben eigener Büros, war bei mir bestimmt auch eine Portition Trotz gegenüber Christian im Spiel. Sonst teilten wir aber oft die Einstellung, dass es doch einen Weg geben muss, diese Märkte zu knacken. Das war unser Glaube.

KAPITEL 4

MENSCHEN FOLGEN MENSCHEN

WARUM FÜHRUNGSKRÄFTE VOR ALLEM STÄRKER IN BEZIEHUNGEN INVESTIEREN SOLLTEN

Die ökonomischen Fakten eines Unternehmens sind wichtig. Jede Führungskraft, jeder Vorstand und insbesondere der CEO kommen nicht darum herum, ihre jeweils relevanten Zahlen parat zu haben, um ablesen zu können, wo die Organisation als Ganzes und die einzelnen Bereiche für sich stehen auf dem Weg, die jeweils vereinbarten Ziele zu erreichen. Ohne sie wäre man im wirtschaftlichen Blindflug unterwegs. Nicht wissend, in welche Richtung man steuern sollte.

Daten sind aber nicht alles. Wer seinen Blick nur oder vor allem darauf richtet, wie es zu viele Unternehmensführer machen, übersieht, wo die eigentliche Priorität liegen sollte: bei den Menschen. Bei den Mitarbeiterinnen und Mitarbeitern. Deren Entwicklung sollte nicht allein an den Personalvorstand oder die Human-Resources-Abteilung ausgelagert werden. Ein Unternehmen zu führen, bedeutet, die Menschen zu führen, die in ebendiesem Unternehmen eine Gemeinschaft bilden. Deshalb sollte der CEO diese Aufgabe zu seiner Hauptaufgabe machen.

Meine persönliche Art der Führung

Bedeutet das, dass jede Entscheidung über meinen Schreibtisch zu gehen hatte? Mitnichten. Diese Form des Mikromanagements wäre auch gar nicht möglich gewesen. Bei meinem Einstieg hatte Engel & Völkers ein paar Hundert Kollegen, als ich das Unternehmen verließ, waren es mehr als 16 000 Menschen, die im Netzwerk von E&V agierten. Ich nannte sie oft meine E&V-Familie. Aus dem einst überschaubaren Familienunternehmen war eine Kleinstadt geworden – und ich war deren Bürgermeister, der zwar keine Absicht hatte, sich in den Alltag der einzelnen Bewohner einzumischen, der aber, um in dem Bild zu bleiben, in allen Vierteln immer wieder Präsenz zeigen wollte, um für das eigene Anliegen zu werben, alle zum Mitgestalten zu animieren und zu signalisieren, dass er im Zweifel jederzeit ansprechbar ist. Deshalb hatte ich es beispielsweise so organisiert, dass ich mir, wenn ich in Hamburg war und in unserer Unternehmenszentrale arbeitete, morgens immer als Erstes habe vorlegen lassen, wem gerade ein bemerkenswerter Abschluss gelungen war, wer Geburtstag hatte oder ein Jubiläum feierte oder gar einen persönlichen Schicksalsschlag erlitten hatte. In solchen Fällen habe ich dann kurz angerufen, eine SMS verschickt oder eine handgeschriebene Karte. Sich für solche Gesten der Motivation und Empathie Zeit zu nehmen, war mir wichtig.

Als Vorstandschef hat man zahlreiche verschiedene Rollen, die laufend wechseln. Je nach Thema und Zusammensetzung können sie sogar von Meeting zu Meeting und von Aufgabe zu Aufgabe unterschiedlich sein. Nach außen hin ist man das Sprachrohr und Aushängeschild, das das Unternehmen in der Öffentlichkeit repräsentiert. Im Inneren ist man Antreiber und Motivator, Förderer und Kritiker der Mitarbeiter, Zielsetzer, Ergebnisüberwacher, Ideengeber, Berater, Coach und im Zweifel auch der Puffer zwischen der Belegschaft und dem Eigentümer, wenn es darum geht, unrealistische Pläne und Forderungen von ganz oben frühzeitig abzuräumen.

Die Rolle des Talentsichters

Insbesondere eine Rolle lag mir aufgrund meines eigenen Werdegangs stets besonders am Herzen: die des Talentsichters. Ich wollte innerhalb unseres Netzwerks ständig sehen, wer bereit und in der

Lage war, sich zu entwickeln und selbst neue Rollen anzunehmen. Einer von ihnen war Till, ein junger Praktikant im Brokerage Service unseres New Yorker Market Centers und Headoffice.

Kennengelernt habe ich ihn bei einem Besuch vor Ort. Eigentlich war ich schon auf dem Sprung zum nächsten Treffen, als er sich bei mir vorstellte und mir einen kurzen Einblick in seine bisherigen Tätigkeiten gab. An der Art und Weise, wie er über die Arbeit sprach und welche Fragen er mir stellte, erkannte ich, dass er schnell weiterkommen wollte. Seine Vorgesetzten und Kollegen lobten Tills Auffassungsgabe und, ganz wichtig, dass er sich schnell ins Team integriert hatte. Das interessierte mich. Ich beschloss, ihm für die Zeit nach seinem Praktikum eine Station in Hamburg anzubieten. Wir telefonierten ein paar Mal und verständigten uns darauf, dass er bei mir als Executive Assistant anfangen würde.

In all meinen Jahren im Vorstand habe ich mir immer wieder die Zeit genommen, an Bewerbungsgesprächen mit Kandidaten für einen Ausbildungsplatz in der Unternehmenszentrale teilzunehmen. Weil ich selbst jung ins Unternehmen gestartet war, war ich später gespannt darauf, welche Auszubildenden und dualen Studierenden wir heranführen und in wichtige Positionen bringen konnten. Bei Till kam irgendwann allerdings der Punkt, dass er seine Assistentenrolle zunehmend als Berater verstand und sich dementsprechend entwickeln wollte. Das wiederum überzeugte mich nicht. Zwar sprach er bei konzeptionellen Ansätzen richtige Punkte an und argumentierte treffend. Aber letztlich war nie er es, der die dazugehörige Verantwortung übernahm. Ich konfrontierte ihn damit und erklärte, dass ich ihn lieber in einer anderen Position sehen würde. Davon war er enttäuscht. Er erklärte, er würde sich für höhere Aufgaben berufen fühlen und vorzugsweise andere Personen von der Seitenlinie aus anweisen. Das konnte so nicht bleiben. Das wollte ich ändern. Ich plante, Till aus seiner Komfortzone herauszuholen und in den Vertrieb zu stecken. Er sollte mir beweisen, dass er praktisch umsetzen konnte, was er in der Theorie vorschlug, dass er also das hohe Gut der »Execution Power« entwickelte, das er für seinen Werdegang benötigte. Gegen seinen Willen – was er mir immer und immer wieder deutlich machte – setzte ich Till nach Absprache mit Kai, dem CEO für die Region Deutschland, Österreich, Schweiz, als Area Manager in Norddeutschland ein. Jetzt konnte Till zeigen, dass er in der Lage war, Lizenzpartner bei der Umsetzung des Systems erfolgreich zu machen. Till hatte bei mir vieles gesehen und gehört und wusste, welche Hebel es gibt, um die Standorte zu unterstützen. Jetzt war er aufgefordert, dieses theoretische Wissen in die Praxis umzusetzen und direkt an die Lizenzpartner zu kommunizieren. Er hatte sich seinen Werdegang anders vorgestellt. Aber ich war davon überzeugt, dass er das operative Geschäft lernen und verstehen musste, bevor er gut gemeinte Ratschläge geben durfte.

Die ersten Wochen waren hart für ihn. Raus aus der beratenden Tätigkeit an meiner Seite, rein in viele Meetings, bei denen er nicht an meiner Seite die Hauptrolle spielen konnte. Er musste zahlreiche Einzelgespräche mit Lizenzpartnern führen, die konkrete Vorschläge und Impulse von ihm erwarteten. Auch wenn er sich in der Anfangszeit nicht in dieser Rolle sah: Das Feedback derjenigen, die Till unterstützte, war sehr gut. Die Lizenzpartner waren von seinen Ansätzen angetan. Es gelang ihm, eine belastbare und professionelle Beziehung zu den Partnern aufzubauen. Ich ließ ihn in dieser Tätigkeit als Area Manager ein volles Jahr lang. Dann leitete ich die nächste Stufe ein. Ich glaubte, dass es jetzt an der Zeit für ihn war, Unterschriften für unser Produkt – die Lizenzpartnerschaft – einzusammeln. Wieder war Till geschockt. Wie ich auf eine so aberwitzige Idee kommen konnte, wollte er wissen. Im Vertrieb eines Produkts sah er so gar nicht seine Stärken. Aber das musste er auch nicht. Im Laufe der folgenden drei Jahre kämpfte sich Till durch und vergab Lizenzen in Deutschland und Österreich – bevor wir ihn zum CEO der DACH-Organisation benannten. Es war die Position, für die er sich früh berufen gefühlt hatte. Was er dabei übersah: dass auf dem Weg einige Zwischenstationen liegen, die man nicht überspringen kann. Zu diesen Stationen musste er erst gezwungen werden.

E&V Days mit Till als CEO DACH

Es wäre vermessen zu behaupten, dass ich Tills Weg hätte vorhersagen können. Ich habe ihn gleich beim Kennenlernen in New York für ein Talent gehalten, das schon. Und ich wollte, dass er eine

Chance bekam, sich über das Praktikum hinaus beweisen zu können. Das hätte allerdings auch schiefgehen können. Wenn man einen Raum mit 30 Personen nehmen und mir die Aufgabe stellen würde, daraus die zehn besten für den Verkauf von Immobilien auszuwählen – ich würde scheitern. Selbst nach 27 Jahren in diesem Business. Warum? Weil der Erfolg im Vertrieb nicht nur von Handwerk und Fleiß abhängt, sondern auch von Glück und Zufällen, von der Persönlichkeit des Maklers und von schwankenden Stimmungen. Macht jemand gerade eine Trennung durch? Ist in der Familie einer schwer krank? Bekommt man abends nach der Arbeit von seinem Mann oder seiner Frau auch dann Unterstützung, wenn es mal wieder nicht geklappt hat mit der Vermittlung eines Objekts? Oder wird man zu Hause am Ende eines erfolglosen Tages hart kritisiert und aufgefordert, sich einen anderen Job zu suchen? Das sieht man niemandem an – und das kann man in einigen wenigen Gesprächen vorab auch nicht herausfinden. Manche glauben, dass vor allem extrovertierte Menschen für den Vertrieb geeignet sind und introvertierte nicht. Das ist nicht entscheidend. Es geht beides. Wichtiger ist: Man muss mit Druck umgehen können und diszipliniert sein. Immer wieder das Telefon in die Hand nehmen und noch einen und noch einen Akquiseanruf machen – davon darf man sich nicht durch permanente Absagen abbringen lassen. Essenziell ist auch Empathie. Wer etwas verkaufen möchte, muss in der Lage sein, sich in möglichst viele Menschen hineinzuversetzen und eine gemeinsame Ebene herzustellen. Es funktioniert nicht, bloß die Rampensau spielen zu wollen. Man muss auch feinfühlig sein und heraushören, was die potenziellen Wohnungs- und Hauskäufer sich wünschen, welche Vorlieben und Sehnsüchte sie haben, wenn es ums Eigenheim geht.

Was für die Makler und Lizenzpartner galt, die Engel & Völkers nach außen hin vertraten, galt auch intern. Als Co- und später als alleiniger CEO habe ich mich bei Beförderungen ins Topmanagement immer für Personen entschieden, die dieses Charisma und diese Empathie ebenfalls mitbrachten. Der Aufbau und insbesondere das Aufrechterhalten einer inspirierenden Unternehmenskultur gelingen nur, wenn sie nicht bloß gepredigt, sondern vorgelebt wird. Davon war ich früh überzeugt. Was mir vorschwebte, war, eine andere Form des Feedbacks zu etablieren.

Feedback und Anerkennung

Feedback zählt ja grundsätzlich zu den wichtigsten Instrumenten, die Führungskräften zur Verfügung stehen. Wer gekonnt und zeitnah Rückmeldungen auf Leistungen gibt, sowohl kritische als auch wertschätzende, kann die Motivation seiner Kolleginnen und Kollegen maßgeblich beeinflussen und also steuern, mit welcher Begeisterung sie an ihre Tätigkeiten gehen. Gerade in Vertriebsunternehmen ist das von großer Bedeutung. Das Geschäft schlägt ja digital – entweder ein Abschluss gelingt, oder es klappt nicht. Großer Jubel und bodenlose Enttäuschung liegen also sehr nah beieinander. Daraus darf man aber nicht ableiten, in seiner Kommunikation ebenfalls digital zu sein. Spricht man mit Maklern darüber, warum ein Deal nicht zustande gekommen ist, muss man, statt harte Worte zu wählen, die Zwischentöne anschlagen und sich die vielen kleinen Schritte ansehen, die zwischen dem ersten Kontakt und dem möglichen Verkauf liegen. Mir war es in diesen Momenten immer ein Anliegen, praktische Wege aufzuzeigen, was die Makler und auch unser Management beim nächsten Mal anders machen könnten. Ich wollte ihr Rüstzeug schärfen, damit sie schon ganz bald wieder ein Erfolgserlebnis verzeichnen konnten.

Allerdings gehört Feedback nicht zu den Paradedisziplinen in deutschen Unternehmen. Vielleicht liegt es an der im Vergleich zu angelsächsischen Ländern unterentwickelten Diskussionskultur, vielleicht haben wir Deutschen zu schnell das Gefühl, anderen mit unseren Meinungen zu deutlich auf die Füße zu treten. Tatsache ist für mich, dass wir in Unternehmen oft zu zögerlich und gehemmt miteinander sind und mit Kritik und Gegenvorschlägen nicht sportlich und spielerisch genug umgehen. Das führt dazu, dass Feedback aufgeschoben, gebündelt und vor allem zu einem Zeitpunkt gegeben wird: im Jahresendgespräch. Was wurde in den zwölf Monaten zuvor erreicht, welche Ziele verfehlt? Auf welche verständigt man sich für das kommende Jahr? Mir ist das immer schon zu statisch gewesen. Natürlich haben wir bei Engel & Völkers diese Gespräche geführt, mich eingeschlossen. Sie wurden eingefordert und die Ergebnisse sowohl dokumentiert als auch im hauseigenen System hochgeladen. Aber in meiner Welt wären sie nicht notwendig gewesen. Denn ich habe laufend Gespräche geführt, Jour-fixe-Termine gehabt oder war im Ausland bei den Lizenzpartnern und dem lokalen Management unterwegs – und überall dort habe ich permanent Feedback gegeben. Ausgangspunkt war mein Interesse an der Stimmung vor Ort. Wie läuft das Geschäft, vor welchen Herausforderungen stehen die Verkäufer gerade? Welche Sorgen haben sie, welche Ängste womöglich? Und dann: Was kann ich, was können wir aus der Unternehmenszentrale dafür tun, dass der Kopf wieder frei wird? Geht man in einen solchen Austausch, kommt man fast zwangsläufig dazu, Feedback zu geben. Man muss es sich gar nicht explizit vornehmen, denn das ehrliche Interesse an Menschen führt dazu, dass man nach seiner Meinung und Erfahrung gefragt wird und Einschätzungen und Tipps geben sowie Korrekturen vornehmen kann. Das geht so übrigens viel schneller, viel organischer, als wenn man ein Jahr lang keinen Kontakt hatte und dann versucht, kurz vor Weihnachten sämtliche Punkte abzuarbeiten, und erwartet, dass ein Mitarbeiter oder eine Kollegin schlagartig ganz anders an ihren Job herangeht.

Wobei der jährlich wiederkehrende Termin hingegen hilft, ist die Vereinbarung von individuellen Zielen. Weil sich diese nicht von Monat zu Monat verändern, sondern mittel- und langfristig angelegt sind, müssen sie nicht laufend neu angesprochen werden. Ein – gut vorbereitetes – Gespräch reicht. In diesen Verhandlungen habe ich mich immer auf einem schmalen Grat bewegt: Zum einen war es mir wichtig, ambitionierte Ziele zu setzen, die das Unternehmen voranbringen und für die sich jeder Einzelne strecken muss. Zum anderen wollte ich stets knapp unter meiner potenziellen Maximalforderung bleiben, zwei, drei oder vier Prozent. Ich habe nämlich festgestellt, dass dieser Kniff wie ein Katalysator funktioniert. Wenn Vertriebler oder auch Führungspersonen die Aussicht haben, die vorgegebenen Ziele nicht nur erreichen, sondern ihr Pensum übererfüllen zu können, setzt das zusätzliche Kräfte frei. Denn sie wissen: Sie haben die Chance auf einen finanziellen Bonus, mit dem sie sich selbst und allen Vorgesetzten und Kollegen beweisen können, zu welch außerordentlichen Leistungen sie imstande sind.

Diese nichtfinanzielle Wertschätzung darf nicht ignoriert werden. Sie ist genauso wichtig wie das Gehalt. Der Applaus und der Respekt innerhalb des eigenen Unternehmens und der Branche sind ein großer Antrieb, diesem Job nachzugehen. Es mag schlicht klingen, aber die Wahrheit ist: Man hat es im Immobiliensektor mit Vertriebsdiven zu tun, die sich auch über Statussymbole definieren. Wer bekommt das größte Hotelzimmer, den Parkplatz direkt am Eingang, den größten Schreibtisch, das Einzelbüro in der obersten Etage? Um das managen zu können, muss man sich als CEO immer wieder selbst zurücknehmen und versuchen, die anderen ins Scheinwerferlicht zu setzen. Wir haben das über zahlreiche Events und Vertriebsveranstaltungen gemacht. Ausgiebig gefeiert wurden solche Momente vor allem in den USA. Dort hielten US-CEO Anthony Hitt und ich jährlich die Award Ceremony ab. Für die EVX im März 2020, das Treffen unserer amerikanischen Franchisenehmer und Immobilienberater in Dana Point, Kalifornien, beispielsweise waren zahlreiche Kolleginnen und Kollegen aus dem Headoffice in New York wochenlang mit den Vorbereitungen befasst. Die mehr als 1000 Tickets für das Spektakel waren innerhalb von Sekunden ausverkauft, und über den Livestream schalteten sich noch mal ein paar Tausend Personen dazu. In unseren Smokings begrüßten wir alle im Saal und vor den Rechnern, verkündeten mehrere Stunden lang die Gewinner der unterschiedlichsten Kategorien und nahmen sie auf der Bühne in Empfang.

Es war eine Zeremonie, die sich über Stunden hinzog und trotzdem keine Minute zu lang war. Jedes prämierte Team und jeder Einzelne, der eine Kategorie gewonnen hatte, wurde von dem Moderator unter großem Applaus auf die Bühne gebeten. Dort fand das obligatorische Siegerfoto statt. Den krönenden Abschluss bildete die Überreichung der Trophäe für das beste Büro im gesamten Netzwerk Amerikas. Alle im Team sprangen von ihren Stühlen auf, umarmten sich überschwänglich und kamen von Standing Ovations begleitet sichtbar strahlend nach vorne. Einmal so prominent im Rampenlicht zu stehen, war für viele genauso bedeutend wie ein üppiger Scheck für die Vermittlung einer Immobilie.

Abschlusszeremonie der EVX

Der neue COO in den USA

Zu Anthony hatte ich ein besonderes Verhältnis. Als ich ihn 2011 kennenlernte, fiel mir gleich seine besondere Art auf. Nicht nur, dass ich eine Krawatte zu unserem ersten Dinner in Miami trug und er, der damals in Los Angeles lebte, deutlich gelassener in einem Hawaiihemd in dem italienischen Restaurant »Casa Tua« auftauchte – Anthony war diplomatisch und selbstbewusst zugleich. Er wusste, was er draufhatte und dass er den US-Markt und das Brokerage-Geschäft gut kannte, blieb dabei aber angenehm zurückhaltend und sympathisch. Erst als ich von meinen letzten Jahren bei Engel & Völkers erzählte, ihm unser Lizenzprodukt näherbrachte und ihm viele Fragen dazu stellte, rückte er nach und nach mit seiner Meinung heraus. Er gab zu erkennen, dass er die Schwachstellen zwar erkannt hatte, er aber nicht gekommen war, um alles schlechtzureden. Er formulierte seine Antworten sehr durchdacht, mit Anerkennung und Wertschätzung, und erklärte, was ein Unternehmen bieten muss, damit dessen Agents erfolgreich sein können. Die jahrelange Erfahrung, die er bei einem Global Player zuvor gemacht hatte, einem Wettbewerber von uns, war offensichtlich. Ich hatte schon viele Bewerbungsgespräche in den USA geführt, in denen sich mein Gegenüber als Superstar vorstellte, ich aber leider feststellen musste, dass seine Selbst- kaum mit der Fremdwahrnehmung übereinstimmte. Anthony war anders. Also luden wir ihn zu unserer anstehenden Weihnachtsfeier nach Hamburg ein, besprachen dort die Modalitäten seines Vertrags, und kurz danach begann er zunächst als Chief Operation Officer der Engel & Völkers US Holding in New York.

Trotz seiner herausragenden Qualifikationen kam ich nicht daran vorbei, auch ihn begleiten und coachen zu müssen. Zum einen ging es darum, dass er möglichst schnell die richtigen Ansprechpartner in unserer Unternehmenszentrale finden und kennenlernen sollte. Zum anderen hatte ich ihm gegenüber zwar skizziert, dass es ein paar Herausforderungen mit Lizenzpartnern in New England gab. Tatsächlich aber stellten sich diese nach seinem Antritt als noch größer heraus. Anthony wurde fast postwendend mit Kündigungen von Lizenzverträgen und Schließungen von Shops begrüßt. Er musste unter anderem mit ansehen, wie ein traumhafter Shop in Greenwich, Connecticut, dichtmachte und diese Pleite von der Konkurrenz und der lokalen Presse genüsslich ausgeschlachtet wurde. Von der ersten Minute an stand er unter Dauerbeschuss und musste Brände löschen. In dieser Zeit telefonierten wir beinahe täglich. Ich spürte, wie hart es für ihn war, in seiner neuen Rolle anzukommen. Er musste sich mit der Abwicklung von Altlasten befassen, für die er in keinster Form verantwortlich war. Um die Expansion und die Erstellung eines Lizenzproduktes, das dem sogenannten Industriestandard in der Immobilienbranche in den USA entsprach, konnte er sich dagegen anders als geplant gar nicht kümmern. Es war nicht daran zu denken, dass er sein neues Recruiting- und Trainingsmodell, das er konzipiert hatte, implementieren konnte. Und es war verdammt schwer für ihn, optimistisch zu bleiben und an den künftigen Erfolg zu glauben. Aber aufgeben war für ihn keine Option. In der Zeit schlossen wir stillschweigend eine Art Pakt: Anthony kümmerte sich um die operative Unterstützung der Partner vor Ort, während ich mich bei den Gesellschaftern für die notwendigen Rahmenbedingungen starkmachte. Ich musste einen Weg finden, den Investor und die Aktionäre davon zu überzeugen, noch mehr Geld für den Neustart und den Aufbau zur Verfügung zu stellen.

Es war ein Drahtseilakt, über Jahre hinweg. Als wir nicht lange nach Anthonys Beginn neue Geldgeber akquiriert hatten, um den Aufbau des US-Geschäfts zu finanzieren, stürzten auch sie sich schnell auf das Thema. Sie wollten wissen, warum wir bereit waren, es Jahr für Jahr mit Beträgen von drei bis fünf Millionen Euro zu finanzieren. Es gab heftige Diskussionen über die Sinnhaftigkeit der Expansion, bis hin zu der Frage, wie viel uns der Rückzug aus dem Geschäft kosten würde. In diesen Momenten war ich gefragt. Ich hatte Anthony zugesagt, ihm den Rücken freizuhalten, und ich wollte ihn auf keinen Fall verunsichern. Deshalb berichtete ich ihm zwar von den Gesprächen, machte aber immer deutlich, dass ich weiter zu hundert Prozent von unserem Erfolg überzeugt war und er sich darauf verlassen konnte, dass ich die Gesellschafter beruhigen würde. Mir war schon damals klar, dass das ein sehr großes Versprechen war. Aber es gab nur diese eine Chance. Sollte er an mir zweifeln, war alles umsonst. Ich hatte so lange für das Amerika-Geschäft gekämpft und mit Anthony endlich jemanden an der Spitze, der es verstand, die Produkte, Prozesse und Systemkomponenten so zusammenzufügen, dass wir langsam aus der Defensive herauskamen und in die Offensive gehen konnten. Wir mussten jetzt dranbleiben.

2014 allerdings wurde der Druck zu groß. Weil die Aktionäre unser US-Engagement erneut vehement infrage stellten und Änderungen verlangten, sah ich mich gezwungen, ein grundsätzliches Gespräch mit Anthony anzusetzen. Mein Ziel: Ich musste Zugeständnisse von ihm bekommen. Wir konnten es uns nicht länger leisten, so viel Geld auszugeben. Wir trafen uns in Fort Lauderdale, Florida. Er hatte in der Nähe zu tun, und ich wollte nicht warten, bis er wieder zum Headquarter in New York zurückkehrte. Dass es ruckelig werden würde, ahnte ich. Im Nachhinein muss ich sagen, dass es eines der schwierigsten Meetings meiner gesamten Karriere war.

Wir begannen am späten Nachmittag, und von der ersten Minute an wurde Anthonys Widerstand deutlich. Meine Analyse der Kostenstruktur konterte er mit seiner Darstellung der Lage. Auf keinen Fall sei er bereit, Sparmaßnahmen hinzunehmen, erklärte er. Nachdem wir jahrelang durch ein Tal der Tränen gegangen waren, seien wir nun endlich in der richtigen Position für den entscheidenden Sprung. Wenn wir nicht weiter Mittel ins Marketing, die Kommunikation und das Sponsoring großer Events stecken sollten, könne er für nichts garantieren. Dann sei unsere Story in den USA vorbei, dann dürften wir uns nicht wundern, wenn das aufgebaute Team in dieser Form nicht erhalten bleiben sollte. Er sprach es nicht aus, drohte aber implizit damit, selbst zu gehen. Mit diesem zwischenzeitlichen Patt beendeten wir die erste Runde, gingen noch gemeinsam essen und dann früh ins Hotel.

Am zweiten Tag ging es weiter. Ich erklärte, dass ich bereit sei, um ihn zu kämpfen, aber unter keinen Umständen mit leeren Händen nach Hamburg zurückfliegen könnte. Außerdem ginge es nicht um drastische Kürzungen, sondern um eine Reduzierung der künftigen Investitionen und des Kostenanstiegs. Dann ging ich dazu über, abzuschichten. Statt das große Bild ins Visier zu nehmen, sprach ich nacheinander viele kleine Budgets und Verwendungszwecke an. Was können wir etwas kleiner fahren? Was hat sich inzwischen überholt? Ich schrieb die einzelnen Punkte fein säuberlich auf einem vor uns liegenden Zettel auf. Anthony konnte die Punkte sehen und seine Prioritäten benennen. Unwichtige Punkte strich ich demonstrativ durch. So waren wir in der Lage, uns einander langsam anzunähern. Am Ende verein-

Auf der Bühne mit Anthony

barten wir, dass ein Businessplan für die kommenden fünf Jahre aufgestellt werden sollte, dem zufolge wir die Gewinnzone erreichen würden, wenn wir in Amerika 200 geöffnete Standorte und rund 5000 Agents auf unserer Plattform integriert hatten. Die Taktik der detaillierten Agenda, bei uns intern auch »Pencil Selling« genannt, hatte ich schon in meinen Anfangstagen an der Engel & Völkers Akademie gelernt. Sie half, die Emotionen aus unserer Debatte zu nehmen. Anthony hatte leidenschaftlich für sich und sein Team gekämpft, was ich respektierte. Dass wir dabei auch lauter wurden, gehörte dazu. Gerade am zweiten Tag aber waren wir dann in der Lage, sachlich und faktenorientiert zu verhandeln und den weiteren Fahrplan gemeinsam zu erarbeiten.

Offen für Unterstützung von außen

Dass der Trip zu einem Erfolg wurde, verdankte ich auch Joachim, meinem Berater. Er war in Fort Lauderdale dabei und moderierte zwischen Anthony und mir, wenn die Situation zu eskalieren drohte. Kennengelernt hatte ich ihn ein paar Jahre zuvor bei einer Reise nach Tansania. Dort erzählte er mir von seinem Background und wie er Führungskräfte und Mitarbeiter entwickelte. Er sprach von Potenzialanalysen, wissenschaftlichen Belegen und Lernprogrammen, und ich war fasziniert, nicht zuletzt, weil er selbst im Vertrieb gearbeitet hatte und die Herausforderungen von Unternehmen kannte, die für ihren nächsten Wachstumssprung viele neue Personen rekrutieren müssen.

Ein paar Wochen nach unserer Reise durchlief ich sein sogenanntes Scanverfahren, um mir über meine bewussten und unbewussten Motive klar zu werden. Es war verblüffend, was der Test zutage förderte. Zum ersten Mal verstand ich richtig, wie ich auf andere Menschen wirkte. Von da an konnte ich mich besser auf Gesprächspartner einstellen und bezog Joachim regelmäßig in wichtige Entscheidungen und Fragen mit ein. Und zwar nicht nur, wenn es um mich persönlich ging, sondern gerade auch, wenn es Engel & Völkers betraf. Auf meine Anregung hin beauftragten wir ihn damit, bei Bedarf Mitglieder des Vorstands und der Geschäftsführung zu unterstützen. Für mich wurde er zu einem »Edelassi«, wie er es selbst nannte. Denn wie sich herausstellte, konnten wir bei kritischen Terminen wie dem mit Anthony in Fort Lauderdale arbeitsteilig die besten Ergebnisse erzielen. Als neutraler Coach war er in der Position, andere Fragen stellen und Themen ansprechen zu können als ich – sowohl bei Anthony als auch bei mir. Immer wieder zog er sich während der zwei Tage abwechselnd mit einem von uns für einen vertraulichen Moment zur Reflexion zurück. Er war es auch, der das Treffen vorbereitete und Anthony eine Woche vorher briefte, damit dieser sich gezielt vorbereiten konnte. Manches Mal ging es auch um vermeintlich banale Fragen. Anthonys saloper Kleidungsstil beispielsweise war mit dem Designanspruch des Ästheten Christian Völkers nicht kompatibel. Also ging Joachim mit Anthony eines Tages zu Hermès, um ihm neue Krawatten zu kaufen. Das war wichtig, damit er bei Christian die notwendige Akzeptanz fand. Ich als CEO hätte das aber unmöglich machen können. Die Gefahr, dass Anthony dabei sein Gesicht verliert, wäre zu groß gewesen.

Joachim blieb in meiner gesamten Zeit bei Engel & Völkers ein Dienstleister von uns. Dennoch würde ich so weit gehen zu sagen, dass er bis zu meinem Ausscheiden mit am meisten zur Unternehmensentwicklung und Wertschöpfung von Engel & Völkers beigetragen hat. Zusammen bereiteten wir viele neue Führungspersonen, aber auch langjährige Mitarbeiter auf ihren nächsten Karriereschritt vor und teilten uns die Rollen wieder auf. Während sich alle mir gegenüber nur von ihrer besten Seite präsentieren und keine Schwächen offenbaren wollten, was verständlich und nachvollziehbar war, konnten sie im Austausch mit ihm auch über ihre Gefühle und Ängste sprechen und ihn um Rat fragen. Unser Bestreben war es, jungen Talenten eine Chance zu geben und sie nachhaltig und stetig zu fördern, damit sie selber rasch inhaltliche und personelle Verantwortung übernehmen konnten. Aus meinen Anfangstagen wusste ich, wie wichtig es ist, das Vertrauen einer Führungsperson zu erhalten und dann auch selber Themen und Projekte eigenverantwortlich umsetzen zu dürfen. Einige fingen auf der Vertriebsseite als Immobilienberater an und gehörten später, nachdem wir sie gecoacht hatten, zum Topmanagement. Ein Begriff, der Joachims und meine Zusammenarbeit prägte, war der der »Familie«. Statt einer »Hire and Fire«-Mentalität ging es uns darum, einen Kreis von Vertrauten aufzubauen, der sich hundertprozentig aufeinander verlassen kann. Wenn ich in den Details steckte, war es Joachim, der rauszoomte und den Blick auf das gesamte Team warf. Wer hat welche Rolle inne? Wer bringt welche Stärken ein, und was fehlt uns womöglich noch?

Es war nicht so, dass ich seinem Rat immer gefolgt bin. Im Gegenteil: In den meisten Fällen bin ich bei meiner Meinung geblieben. Aber durch den Abgleich mit seinen Argumenten konnte ich meine schärfen und stellte sicher, nicht betriebsblind zu werden. Für mich war Joachims Beitrag zum Unternehmenserfolg offensichtlich. Deshalb setzte ich mich am Ende des Jahres auch immer wieder aufs Neue vehement für die Verlängerung seines Vertrags ein. Seine Mitarbeit rief aber auch Zweifel hervor. Einige Mitglieder des Aufsichtsrats und bisweilen auch Christian Völkers blieben ihm gegenüber stets skeptisch und waren der Meinung, dass all das, was Joachim übernahm, doch zu meinem Aufgabenbereich zählte. Warum also sollten sie einen zusätzlichen Berater und Coach bezahlen, wenn schon in dem Vertrag mit dem Vorstandsvorsitzenden vereinbart ist, dass sich dieser unter anderem um die Führung und Entwicklung der Belegschaft und des Managements zu kümmern hat?

Für mich greift diese Sichtweise zu kurz. Es ist ein Irrtum zu glauben, dass ein CEO immer alles mit sich alleine ausmachen kann, dass er oder sie immer auf alles die eine passende Antwort hat. Es war eine immense Unterstützung und Erleichterung für mich, einen Ansprechpartner zu haben, der von außen kam und mit mir zugleich auf Augenhöhe sprechen konnte, weil er selbst die nötige Erfahrung mitbrachte. Das hat meinen Denk- und Handlungshorizont erweitert, bei kleinen wie bei großen Fragen. Es half auch dabei, meinem Anspruch nachkommen zu können, nah an meinem Managementteam dran zu sein. Denn wer was zu welchem Zeitpunkt benötigt, das kann individuell sehr verschieden sein und ändert sich je nach Lebens- und Karrierephase. Nicht überall aber kann man gleichermaßen präsent sein, und längst nicht jeder ist so gestrickt, dass er oder sie von sich aus mit einem Problem auf den Vorgesetzten zugeht. So habe ich es etwa bei meinem Kollegen David erlebt.

Manager- vs. Unternehmerrolle

Wie eingangs erwähnt, kannte ich ihn aus meiner Zeit auf Mallorca. Damals sollte er in Palma kopieren, was ich in Port d' Andratx vorgemacht hatte. Später hatte er mit einem Investor aus London die Masterlizenz für Festlandspanien, Portugal und auch Großbritannien aufgebaut und war damit sehr erfolgreich. Durch die Finanzkrise, die von 2008 an ihren Lauf nahm, kollabierte der Markt allerdings, und die Masterlizenzen verloren massiv an Wert. David musste das, was er mühsam aufgebaut hatte, schweren Herzens aufgeben. Wir übernahmen die Lizenzen für Festlandspanien und Portugal, und ich konnte ihm zumindest die Leitung der späteren Expansion beider Märkte unter meiner Führung anbieten.

Er hat es nie direkt gesagt, aber ich habe damals geahnt, wie schwer ihm der Schritt gefallen sein muss. Er war es über Jahre gewohnt, als Unternehmer zu agieren – und plötzlich musste er sich wieder in eine Managementrolle einfügen. Andererseits war er auch ein Kämpfer. Ich wusste, dass er beweisen wollte, dass er ein neues, von mir entwickeltes Konzept – die Market Center – erfolgreich auf die Straße bringen konnte. Als ich ihm davon als einem der Ersten erzählte, sprang er sofort auf die Idee an. Von da an half er maßgeblich, die notwendigen Leute zu finden und die Strukturen aufzubauen. Er verlagerte seinen Lebensmittelpunkt nach Hamburg und war als Chief Operating Officer fortan für die operative Steuerung der Market Center zuständig. Lange hielt es ihn aber nicht bei uns in Hamburg. Ich merkte, dass er und seine Familie, die zuvor in Barcelona gelebt hatten, nie ganz in Hamburg angekommen waren. Dass er geschäftlich viel zwischen Spanien, Italien und Dubai unterwegs war, konnte das nicht kompensieren. Nach den Jahren im Ausland fühlte sich der Umzug nach Norddeutschland wie ein Schritt zurück für sie an. Als wir miteinander sprachen, wurde klar: Er hätte zwar weiter ein ruhigeres Leben aus der gesicherten Position führen können – und ich hätte ihn gerne weiter an meiner Seite gehabt. Aber so tickte er nicht. Er war ein Macher und wollte selbst etwas anschieben, anstatt nur andere zu unterstützen und zu begleiten. Also loteten wir aus, ob es eine Chance dafür gab, ein Market Center in Paris zu eröffnen und die Gesamtverantwortung für den Aufbau in Frankreich zu übernehmen – und so zog er wieder los. In unseren Gesprächen danach spürte ich zwar, dass es einen Kraftakt für ihn bedeutete, wieder von vorne zu beginnen. Aber schnell wurde auch klar, dass sich das Führungsteam in Paris und die Immobilienberater sehr mit ihm, der eine neue Sprache fast im Vorbeigehen lernte, identifizieren konnten. Für die Kollegen vor Ort war David der Inbegriff des erfolgreichen, charismatischen, weltoffenen Vertrieblers und Managers. Das war der Platz, an dem er sich zu Hause fühlte. Für das Management in unserer Unternehmenszentrale war er nicht gemacht.

Eine neue Organisationsstruktur

Wenn es um den Aufbau und die Führung von Organisationen geht, entsteht ab einer gewissen Größe fast zwangsläufig ein Konflikt. Es geht um das Spannungsfeld zwischen der zentralen Einheit und den weiter entfernten ausländischen Dependancen. Vor allem die Einführung des Market-Center-Konzepts und somit das Betreiben eigener Büros zusätzlich zu unseren Lizenzpartnern erhöhte die Komplexität bei der Erschließung von Immobilienmärkten im europäischen Ausland. Die Notwendigkeit einer intensiven Begleitung und Führung der Aktivitäten vor Ort wurde größer. Mir stellten sich in dieser Zeit viele Fragen. Wie eng bindet man die Lizenzpartner und die Market Center an sich? Wie viel Vertrauen hat man in ihre Eigenständigkeit und überträgt deshalb mehr Verantwortung an das Management vor Ort? In den Jahren des Wachstums hatte ich viele Berichtslinien so aufgebaut, dass sie zum Vorstand und konkret zu mir führten. 2019 aber zeichnete sich ab, dass so viele Länder und Regionen dazugekommen waren, dass die daraus resultierende Komplexität eine andere Struktur erforderte. Eine dezentrale, mit autarken Managements vor Ort, die kulturell viel stärker in ihren Ländern verankert wären, als ich das jemals leisten könnte. Meine Hoffnung war, dass ich mich durch diesen Umbau von der Vielzahl der bis dato notwendigen Sitzungen und Entscheidungen entlasten könnte. Mir war bewusst, dass dieser Schritt zu einem gewissen Kontrollverlust führen würde und wir nicht mehr alle Informationen aus erster Hand von den jeweiligen Standorten bekommen könnten. Andererseits versprach ich mir davon eine deutlichere Standardisierung von Prozessen innerhalb einzelner Länder und damit zusätzliche Synergieeffekte.

Als ich meinen Plan im Vorstand vorstellte, bekam ich von zwei Kollegen eine Menge Gegenwind. Sie nannten operative Details, die sie nicht abgeben könnten und die unbedingt weiterhin von Hamburg aus entschieden werden müssten. Ich konnte das nicht nachvollziehen und nutzte ihre Argumentation, um über mein Verständnis einer Vertrauenskultur zu sprechen. Nach einer intensiven, leidenschaftlichen Diskussion verständigten wir uns auf meinen Vorschlag. Ein paar Wochen später kommunizierte ich die neue Organisationsstruktur im gesamten Netzwerk. Für Deutschland, Österreich und die Schweiz bildeten wir die DACH-Organisation. Zudem verknüpften wir Spanien, Portugal und Andorra ebenso miteinander wie Frankreich, Belgien und die Niederlande. Kanada, Mexiko und die USA hatten wir Jahre zuvor schon als Drei-Länder-Verbund aufgestellt.

Mit der neuen Aufteilung und der Abgabe der Verantwortung stellte sich allerdings eine neue Frage. Wie könnte und sollte ich

Kontakt zu allen Mitarbeiterinnen und Mitarbeitern halten? Ich fühlte mich ihnen weiter verbunden, entfernte mich nun aber noch ein Stück weiter von ihnen. Ich beschloss, unter anderem auf meinen Social-Media-Kanälen präsenter zu sein und diese stärker für die Beziehungspflege zu nutzen. Bis dahin hatte ich bei Apps wie LinkedIn und Instagram nur gelegentlich und eher unprofessionell Texte und Fotos veröffentlicht. Zu dem Zeitpunkt aber erkannte ich, dass ich über solche Plattformen nicht nur das Unternehmen nach außen repräsentieren, sondern auch intern Kontakt halten und mehr Einblicke geben konnte. Gerade wer nicht im Headquarter tätig war, was ja auf die allermeisten E&V-Mitarbeiter zutraf, hatte kaum eine Chance, zu verfolgen, was sein oder ihr CEO den ganzen Tag lang trieb. Und auch für mein engeres Umfeld war das nicht immer ersichtlich. In vielen Wochen war ich in drei verschiedenen europäischen Ländern oder in Asien und Amerika unterwegs. Phasenweise haben wir alle 48 Stunden ein neues Büro eröffnet, und ich ließ es mir oft nicht nehmen, vor Ort dabei zu sein.

Dass ich von da an von solchen Veranstaltungen, den E&V-Teams und mir, von Traumstränden in aller Welt und natürlich von prachtvollen Immobilien Fotos und Videos auf die Social-Media-Kanäle stellte, kam nicht überall gut an. Es polarisierte sogar extrem. Insbesondere einige ältere Mitarbeiter kritisierten meine Art der Selbstinszenierung, Christian Völkers auch. Die meisten jüngeren Kollegen fanden die Herangehensweise dagegen überwiegend gut und zeitgemäß. Sie freuten sich, einen CEO zu haben, der neuen Trends und Technologien gegenüber aufgeschlossen war. Ich wollte Menschen einen Einblick in das Unternehmen und meine Tätigkeit als CEO geben und die Chance haben, weitere Menschen für das Unternehmen zu begeistern.

Letztendlich, das muss ich zugeben, haben wir keine einzige Immobilie aufgrund der von mir gedrehten Reels verkauft. Mir war allerdings von Beginn an klar, dass der Wert meiner Social-Media-Kommunikation nicht, oder zumindest nicht ausschließlich, in konkreten Zahlen festgemacht werden konnte. Es ging mir darum, den Maschinenraum von Engel & Völkers aufzuschließen und mehr Offenheit herzustellen.

Wenn Mitarbeiter das Unternehmen verlassen

Was mich mit zunehmender Zeit ebenfalls beschäftigte, war die Frage, wie man mit Mitarbeitern umgeht, die das Unternehmen verlassen. Wenn es zu einer einvernehmlichen Lösung kommt, weil beide Seiten erkennen, dass man einfach nicht zueinanderpasst, ist das kein beachtenswertes Problem. Längst nicht alle Trennungen verlaufen aber so. Und dann, glaube ich, zeigt sich die wahre Größe von Führungskräften. Leider ist das uns und mir auch nicht immer gelungen, was ich in einem Fall bis heute bereue. Es ging um einen Vorstandskollegen, den wir fürs Marketing geholt hatten und der mir zuvor als »Granate« empfohlen worden war, bevor ich ihn kennenlernen konnte. Als ich Christian zum ersten Mal traf, sah ich das ähnlich.

Es handelte sich um einen ehemaligen Unternehmensberater, der auch schon in der Reisebranche tätig gewesen war, fließend Englisch sprach, auf der Bühne performen konnte und laufend neue Ideen hatte. Sein Team mochte ihn sofort. Nur: Christian Völkers kam mit ihm – diesem neuen Christian – gar nicht klar. Er fand keinen Draht zu dem neuen Mitglied im Vorstand, unter anderem, weil dieser fürs Marketing zuständig sein sollte – Völkers'

Lebensthema. Teilweise ignorierte er ihn, führte weiterhin Meetings mit Personen aus dem Marketingteam durch, lud ihn nicht zu diesen Meetings ein und zeigte ihm so sehr deutlich, was er von ihm hielt. Die Demütigung war so groß, dass er nach einem halben Jahr weinend in meinem Büro saß. Um einen Ausweg zu finden, baute ich seine Rolle um und involvierte ihn zunächst mehr im Produktvertrieb und später als Chief Digital Officer. Ich war überzeugt von seinen Fähigkeiten und dass er ein Gewinn für uns sein würde. Aber was ich auch versuchte: Christian Völkers wollte ihn nicht. Nach fünf Jahren trennten sich die Wege.

Auf diese Episode werde ich bis heute angesprochen. Kein Außenstehender, der Christian kannte, konnte verstehen, dass wir nicht in der Lage gewesen waren, diesen talentierten Mann zu halten. Im Nachhinein werfe ich mir vor, dass ich nicht entschlossener gehandelt und noch mehr für ihn getan habe. Ich hätte, das wurde mir im Nachhinein klar, meinen Verbleib im Unternehmen an seine Zukunft knüpfen und diese Konsequenz ankündigen sollen. Sprich: Wenn er entlassen werden sollte, dann gehe ich auch. Denn wozu so eine Trennung führt, ließ sich kurz danach erkennen: Christian gründete ein eigenes, vielversprechendes digitales Start-up, tritt seitdem als Konkurrent zu Engel & Völkers auf – und dürfte hochmotiviert sein, seinem vorigen Arbeitgeber Marktanteile streitig zu machen. Hätten wir nur ein wenig smarter agiert, würde er mit seiner Expertise noch daran arbeiten, E&V weiter nach vorne zu bringen.

KAPITEL 5

PERSÖNLICHKEIT ALS WICHTIGSTES EINSTELLUNGSKRITERIUM

WIE ICH NEUES WAGTE UND AUF BRANCHENFREMDE QUEREINSTEIGER SETZTE

Wer ein Unternehmen führt, ist immer auf der Suche nach neuen Ideen. Wie lassen sich Prozesse effizienter gestalten, Produkte oder Services entwickeln und letztlich mehr Umsatz und Gewinn erzielen? Diese Fragen treiben einen permanent um. Allerdings gibt es keinen Weg, um Antworten darauf in schöner Regelmäßigkeit zu produzieren. Jeder, der schon mal ein Brainstorming-Meeting einberufen hat, weiß, wie erfolglos diese enden können. Und auch das Konzept des Geistesblitzes unter der Dusche ist in der Realität mehr ein Mythos als eine funktionierende Methode. Für mich hat es sich im Alltag eher bewährt, nicht gänzlich neue, revolutionäre Ansätze finden zu wollen, sondern Querverweise zu ziehen. Also in der Breite zu schauen und zu lernen: Wie machen es andere? Und was lässt sich daraus womöglich auf uns übertragen? Ein solches Aha-Erlebnis hatten wir 2013, als Christian und ich mit unserem US-Chef Anthony Hitt und dem kalifornischen Masterlizenzpartner Mathias in einem Konferenzraum in Hamburg saßen. Mathias war derjenige, der Anthony auf die Plattform von Engel & Völkers geholt und ihn als Head of Real Estate für seine Region Kalifornien eingestellt hatte. Damit war etwas später für mich der Weg geebnet, Anthony für die Gesamtverantwortung für Amerika zu begeistern. Jetzt saßen wir wieder gemeinsam in Hamburg am Konferenztisch und sprachen über die zukünftige US-Entwicklung. Rückblickend betrachtet war dieses Treffen wegweisend.

Die Einführung des Market Center Konzepts

Anthony hatte eine kurze Präsentation vorbereitet. Weil wir dabei über eine mögliche Lizenzpartnerschaft in Orange County an der US-Westküste im Bundesstaat Kalifornien sprachen, stellte er den

Bezirk vor, welche Städte dazu zählten, das Transaktionsvolumen, welche Wettbewerber dort aktiv waren. Dann zeigte er ein Schaubild, auf dem nicht ein Symbol für einen Immobilien-Shop zu sehen war – wie üblich –, sondern eine große Bürofläche mit vielen Schreibtischen. Er stellte sie als »Hub« vor. Christian und ich wussten, dass viele Wettbewerber nicht von Immobilien-Shops aus operierten, sondern in Großraumbüros, »Big Box« genannt, in denen viele Agents untergebracht sind. Nur die »Top Producer«, die umsatzstärksten Agents in einem Unternehmen, bekamen in einem »Cubicle« ihre eigenen vier Wände. Trotzdem stolperten wir über den Begriff. Ein Hub für Agents? Was soll das bedeuten?, fragten wir uns.

Ich glaube, dass in Christians und meinem Kopf parallel das Gleiche passierte. Für Amerika konnten wir darin kein Alleinstellungsmerkmal erkennen. Ein nettes Konzept, aber kein Durchbruch. Aber was wäre, wenn wir es in Europa einführen würden?

Wir hatten zu dieser Zeit viele Lizenzpartner in klassischen Zweitwohnsitzregionen in Europa oder mehrere Lizenzpartner für Teile von größeren Städten und gingen nach dem in der Branche verbreiteten Muster vor: Die Büros fungierten wie Boutiquen. Sie waren klein und auf ihre Wohnviertel spezialisiert und sollten so nach außen Exklusivität und Know-how vermitteln. Sechs Immobilienberater waren im Schnitt in so einem Shop in Europa organisiert.

Der Nachteil: Große Metropolen wie Madrid, Rom oder Paris, die für Immobilienunternehmen am lukrativsten sind, waren mit dieser Strategie sehr schwer zu erschließen. Ließe sich das ändern, wenn wir sehr viel mehr Berater in einem Hub anstellen würden? Christian und ich spürten intuitiv, dass damit ein Quantensprung für uns möglich sein könnte.

In den folgenden Wochen rechneten wir verschiedene Optionen durch und diskutierten, welche Services wir den Immobilienberatern anbieten wollten. Anders als in Amerika kamen in Europa viele Quereinsteiger zu uns. Deshalb dachten wir an eine Plattform, die sie bei den verschiedensten Fragen unterstützt. Der Begriff »Hub« verschwand dagegen aus unseren Konzepten. Stattdessen sprachen wir von nun an von Market Centern und planten nicht mehr, viele Lizenzen an unterschiedliche Partner zu verkaufen, sondern künftig einen einzigen zu finden, der in der Lage war, ein Market Center zu finanzieren, mit dem sich ein ganzer Metropolmarkt erschließen ließe. Wir bauten eine erste Präsentation, bezogen immer mehr Kolleginnen und Kollegen aus der Rechts-, Marketing- und Kommunikationsabteilung mit ein und stellten unsere Idee nach und nach vor. Einen dieser Vorträge hielt ich vor etwa 200 Gästen bei unserem Lizenzpartnertreffen für unseren Heimatmarkt Deutschland im Festsaal des Hotels »Atlantic« in Hamburg. Als ich ein Schaubild an die Wand warf, das zeigte, dass wir nicht wie üblich sechs, zehn oder 15 Berater engagieren wollten, sondern 125, drehte sich eine Reihe von Zuhörern zu ihren Nachbarn um und flüsterten ihnen etwas zu. Schaute ich mich weiter in den Reihen um, sah ich andere, die ungläubig staunten. Zum Teil wollten sie offenbar sagen, dass wir in der Unternehmenszentrale jetzt völlig durchgedreht seien.

Aus ihrer Sicht war diese Reaktion verständlich. Vertrieb kann schließlich grausam sein. Sie mühten sich täglich ab, ihr kleines Team zusammenzuhalten und ihre Immobilienberater zum Erfolg zu führen. Doch trotz vieler Anstrengungen und trotz der Unterstützung des Lizenzpartners oder Büroleiters läuft es bei dem einem oder anderen einfach nicht. Woraufhin der Immobilienberater aufgibt und das Büro wieder verlässt. Dann hat der Lizenzpartner viel Zeit, Kraft und Geld investiert, um eine Person für sein Unternehmen zu rekrutieren – und kaum etwas dafür zurückbekommen.

Mir wurde klar, dass wir das Risiko nicht einem Lizenzpartner übergeben konnten, sondern selbst den Beweis antreten und ein Market Center eröffnen mussten, um das nötige Vertrauen gewinnen zu können. Noch nicht entschieden hatten wir hingegen, welche Stadt dafür geeignet war. London kam in unseren Diskussionen immer wieder auf, allerdings hatte ich vor dem dortigen Markteintritt großen Respekt. Der erste Schuss muss sitzen, glaubte ich, und sprach mich für Spanien aus; damals verbrachte ich viel Zeit in dem Land. Wir hatten in Madrid und Barcelona zwar bereits Lizenzpartner, kannten den Markt damit aber auch deutlich besser als den in London oder in den meisten anderen Metropolen Europas. Ich weihte meinen Kollegen David in meine Gedanken ein, der mich sofort bei dieser Idee unterstützte. Wir luden den Investor Patrick und die operative Leiterin Meritxell zu einem Gespräch ein. Zusammen hatten sie in Barcelona zwei Shops in guten Lagen mit einem Team von acht Immobilienberatern aufgebaut. Sie waren mit ihren Rollen und ihrer Entwicklung sehr zufrieden und planten eigentlich nicht, sich zu verändern. Ich erzählte ausführlich von dem Market-Center-Konzept und welches Potenzial es hat, und wir vereinbarten einen zweiten Termin vier Tage später. Bis dahin wollte ich abstimmen, was wir Patrick und Meritxell anbieten könnten, um ihre Lizenzen in das neue Modell zu überführen.

Dabei fiel mir auf, dass wir unsere Welt gerade auf den Kopf stellten. Jahrelang hatten wir alles dafür getan, um mehr als 500 Lizenzen zu verkaufen. Knapp 600 E&V-Büros und -Shops gab es mittlerweile – als ich 1997 mit meiner Ausbildung begonnen hatte, waren es gerade mal 21. Und jetzt arbeiteten wir daran, selbst über das Stadtgebiet von Barcelona verfügen zu können.

Meritxell und Patrick hörten sich bei dem nächsten Treffen alles geduldig an. Sie waren skeptisch, aber auch interessiert. Ich bot ihnen an, als Mitgesellschafter ins Market Center einsteigen zu können, außerdem wollte ich, dass Meritxell den Aufbau begleitet. Ersteres lehnten beide ab. Sich finanziell an dem Plan zu beteiligen, kam für sie nicht infrage. Aber sie wollten ihm auch nicht im Wege stehen und boten an, ihre Lizenzen an uns zu verkaufen – unter der Bedingung, dass Meritxell operativ in die Arbeit einsteigen könnte. Damit stand fest: Unser erstes Market Center wird in Barcelona eröffnet.

Bei der Suche nach einer geeigneten Fläche konnten wir aus dem Vollen schöpfen. Selbst in Toplagen standen viele Büros leer. Die Wirtschafts- und Finanzkrise war damals auf ihrem Höhepunkt angekommen. Unternehmen investierten immer weniger und bauten in großem Maße Arbeitsplätze ab. Fast sechs Millionen Menschen hatten keinen Job, die Arbeitslosenquote lag bei mehr als 26 Prozent. Noch schlimmer war es für die jungen Spanier. Ihre Aussichten waren verschwindend gering. Unter den 16- bis 24-Jährigen lag die Arbeitslosenquote bei 55 Prozent. Die Regierung peitschte ein Spar- und Reformprogramm nach dem anderen durch – trotzdem sprachen viele von einer verlorenen Generation.

In der Baubranche sah es nicht besser aus. Sie war förmlich erstarrt, die Immobilienblase vollständig geplatzt. Trotzdem war ich davon überzeugt, dass es genau der richtige Zeitpunkt war, um zu investieren. Und wir wurden mit offenen Armen begrüßt. Die Gewerbemakler überschlugen sich mit Angeboten und wiesen immer wieder darauf hin, dass sie bei den Mietkonditionen flexibel waren. Wir besichtigten wunderschöne, zum Teil palastartige Gebäude und entschieden uns für eine Fläche in einem revitalisierten modernen Gebäude. Es war nicht die klassische Jugendstilfassade, hatte aber große Fensterfronten zur Avenida Diagonal, viel Stahl und einen für uns passenden Grundriss mit 750 Quadratmeter Fläche. Nach ein paar Verhandlungen mit dem Eigentümer unterzeichneten wir den Vertrag. Als wir kurze Zeit später begannen, die ersten Stellen auszuschreiben, bekamen wir erneut zu spüren, wie hart die Rezession Spanien getroffen hatte. Egal was wir suchten, ob Führungskräfte, Teamassistenten oder Immobilienberater: Wir bekamen jeweils Hunderte Bewerbungen auf den Tisch, und es waren jede Menge vielversprechende Profile darunter. Zeitweise mussten wir ein Team aufbauen, um die Unterlagen zu sichten und zu bewerten. Bei den vielen, die wir aussortieren mussten, war es traurig zu sehen, dass sie aktuell keine Chance auf einen Job hatten. Von denen, die wir einstellen konnten, habe ich eine so große Dankbarkeit erfahren wie nie wieder. Auch die Presse in Barcelona und ganz Katalonien nahm die Nachricht unserer Eröffnung bereitwillig auf. Für sie war es mitten in der Krise ein kleiner Hoffnungsschimmer, zumal wir auch deutlich machten, dass wir über unsere Akademie auch in die Aus- und Weiterbildung investieren wollten. In einen Bereich also, der von Firmen meistens als Erstes gestrichen wird, wenn es schlechter läuft.

Ein Businessplan mit positiver Abweichung

In Hamburg hatten wir unzählige Versionen unseres Businessplans erarbeitet, und bei der Vorstellung der optimistischen Varianten im Vorstand und bei den Bereichsleitern gab es viele, die glaubten, dass wir viel zu positiv gerechnet hätten. Tatsächlich aber wurde schon nach wenigen Wochen deutlich, dass das Market Center unsere kühnsten Erwartungen in allen wesentlichen Kennzahlen übertraf. Die Gründung war vom Start weg ein voller Erfolg. Es dauerte nicht lange, bis wir ein weiteres Stockwerk anmieten mussten und anstrebten, die Zahl unserer Immobilienberater auf 300 aufzustocken.

Das zeigte mir einmal mehr, wie schwierig Vorhersagen sind. In den Jahren zuvor hatte ich sehr viele Businesspläne gesehen und die Erfahrung gemacht, dass die Implementierung eines neuen Produktes im Tech-Bereich oder die Etablierung von Operations in einem neuen Markt trotz aller gewissenhaften Vorbereitung oft mehr Zeit in Anspruch nimmt als angenommen und somit auch die Investitionsphase länger dauert und das Gesamtinvestment größer ist als geplant. Das Market Center Barcelona lehrte uns nun, dass es auch andersherum möglich ist.

Selbstverständlich dauerte es nicht lange, bis die Diskussion aufkam, in welchen Städten wir denn die nächsten Market Center eröffnen würden. Um profundere Kenntnisse über mögliche Standorte zu bekommen, stellte ich eine Person als Head of Business Development ein, die mich mit den notwendigen Zahlen und Kalkulationen zur Skalierung versorgte. Von da an ging es schnell voran. In Valencia eröffneten wir ein Market Center, das der dortige Leiter zu einer regelrechten Fabrik der Immobilienvermittlung aufbaute und enorm viele Abschlüsse feierte. In Madrid, Spaniens Hauptstadt, eröffneten wir das Büro in bester Lage in der Calle de Génova und gingen von Beginn an davon aus, hier ebenfalls bis zu 300 Immobilienberater zu beschäftigen. In Hongkong erkannte unser Lizenzpartner das Potenzial des neuen Ansatzes und mietete vorsorglich eine Fläche für ein eigenes Market Center an. Für Kolumbiens Hauptstadt Bogotá unterzeichneten wir den Vertrag mit zwei Lizenzpartnern, die das Market Center hochziehen wollten. In Paris trauten wir uns mit unserem Konzept in den größten

Immobilienmarkt Europas. Die französische Hauptstadt hat zwar nur 2,1 Millionen Einwohner, der Großraum aber, die Region Île de France, umfasst 12,5 Millionen Einwohner. In Rom modernisierten wir einen prachtvollen Spiegelsaal mit Fresken, Holzparkett und Marmoreinfassungen um die Türen so, dass wir die für uns notwendige IT installieren konnten. Und schließlich leiteten wir den Prozess auch für New York ein, mit einem Urgestein der Immobilienbranche: Wir konnten einen ehemaligen CEO von Sotheby's International Realty für uns gewinnen. Damit schloss sich für uns ein Kreis. Denn wir hatten unser Modell ja ursprünglich aus dem amerikanischen Markt abgeleitet – und nun kehrten wir damit in die USA zurück.

Eine Zeit lang konnte ich freitags mit Sicherheit davon ausgehen, dass sich Christian Völkers bei mir melden würde und im Detail wissen wollte, wie sich das Geschäft in den Market Centern entwickelte. Es fiel mir leicht, seine Anrufe entgegenzunehmen. Fast jedes Mal konnte ich ihn mit beruhigenden Wachstumsraten ins Wochenende verabschieden.

Interessant ist an diesem Beispiel, dass wir zu Beginn breit schauen mussten und dann, bei der Verfeinerung, zu einer immer größeren Standardisierung kamen. Was meine ich damit? Bei der Suche nach neuen Ideen geht es zunächst darum, sich ein hohes Maß an Offenheit zu bewahren. Man sollte Impulse zulassen, von innen und von außen, manchmal sind auch Störungen des Regelbetriebs, die als lästig empfunden werden, hilfreich, um auf einen weiterführenden Gedanken zu kommen. Zugleich muss man in der Lage sein, eine neue Idee konsequent weiterzutreiben, sie zum Laufen zu bringen und zu replizieren, wenn sie sich als lohnend herausgestellt hat. Bei unseren Market Centern hieß das: Was hat sich beim ersten Mal in Barcelona bewährt und sollte deshalb auf weitere Städte übertragen werden? Mit jedem neuen Center konnten wir auf eine Erfahrung mehr aus ganz unterschiedlichen Ländern und Städten zurückgreifen und uns so sukzessive der allgemeingültigen Erfolgsformel nähern.

Hohe Korrelation zwischen Systemsetzung und Erfolg

Wie wichtig das ist, wussten wir. Christian Völkers hatte ja schon viele Jahre zuvor die Engel-&-Völkers-Fibel geschrieben und jedem Mitarbeiter in die Hand gedrückt, die bis ins kleinste Detail festlegte, wie unser Franchisesystem zu funktionieren hat. Sie war nicht als Anregung zu verstehen, die Regeln darin waren nicht optional. Jeder hatte sich daran zu halten – und wenn wir neue Dependancen eröffneten und die Lizenzpartner uns mal wieder weismachen wollten, warum das Geschäft ausgerechnet bei ihnen ganz anders funktionieren würde, dann hörten wir uns das zunächst wohlwollend an. Letztlich aber lehnten wir alle gewünschten Abweichungen ab. Das Corporate Design, das Auftreten, die Art und Weise, wie Immobilien bei Engel & Völkers vermittelt werden sollen – da ließen wir keinen Spielraum zu. Was Christian Völkers, der Marken-Diktator, einst festgelegt hatte, war Gesetz. Weltweit. Ich weiß, dass das Wort Diktator auch in diesem Zusammenhang sehr negativ klingt. Aber gerade bei der Positionierung einer Marke ist es so wichtig, dass nur eine Person oder ein ganz kleiner Kreis von Verantwortlichen über die Positionierung und die optische Darstellung der Marke entscheidet. Dieses enge Korsett vermeidet eine Verwässerung der Marke und hilft aufgrund der Profilschärfe der Marke allen Partnern.

Nun kann man natürlich einwenden, dass man mit einem solchen Korsett die Kreativität der eigenen Mitarbeiter und Lizenzpartner schon im Keim erstickt. Dass man sie gar nicht erst dazu ermutigt, über den Tellerrand zu blicken und »out of the box« zu denken, wie es neudeutsch heißt. Dass man sie also daran hindert, zu der laufenden Erneuerung und Entwicklung des Unternehmens beizutragen. Ich habe in unserer Branche eine andere Erfahrung gemacht. Im Laufe meiner Zeit habe ich erkannt, dass es zwar viele Personen gibt, die sich im Gespräch bestens präsentieren können, aber tatsächlich wenig Umsetzungskraft besitzen, wenig »Execution Power«. Es gibt viele Menschen, die zu wissen glauben, wie die Dinge funktionieren, aber überhaupt nicht in der Lage sind, selber diese Maßnahmen zum Erfolg des Unternehmens auf die Straße zu bringen. Ich musste schmerzlich lernen, dass nicht viele in der Lage sind, Dinge, die sich schon als erfolgreich erwiesen haben, einfach nur zu übernehmen und zu implementieren. Viele haben den Drang – oder geraten in die Versuchung –, es doch ganz anders zu machen. Der häufigste Grund, den ich während der gesamten Internationalisierung dazu gehört habe, lautete: »Agabu« – »Alles ganz anders bei uns.« Das hat sich aber nie bewahrheitet. Natürlich gibt es rechtliche oder kulturelle Unterschiede. Aber im Kerngeschäft der Vermittlung von Immobilien ist eine Sache überall auf der Welt gleich: Der Verkäufer hat immer nur ein alles überragendes Ziel – er möchte möglichst schnell den höchstmöglichen Kaufpreis erzielen. Hört sich banal an, ist aber gerade für die Markenpositionierung und die Kommunikation zum Verkäufer von entscheidender Bedeutung. So einfach ist die Makelei im Prinzip. Und wenn man dieses Prinzip verstanden hat, weiß man sehr genau, wie die Kommunikation an den Eigentümer beziehungsweise Verkäufer sein muss.

Mir wurde schon früh klar, dass es eine sehr hohe Korrelation zwischen der Systemumsetzung und dem Erfolg gibt. Das macht den Charme von Franchiseunternehmen aus. Man bekommt als Partner eine etablierte Marke und das System an die Hand. Der Franchisenehmer muss dieses System dann bloß bei sich lokal implementieren. Zugegeben: Kreative und innovative Menschen können davon schnell frustriert sein. Christian Völkers selbst wäre kein guter Franchisenehmer geworden und ich wahrscheinlich auch nur zum Teil. Aber wenn man auf das gesamte Unternehmen blickt, muss man feststellen: Schneller und absolut gesehen erfolgreicher wurden viele Partner durch die konsequente Umsetzung des Systems. Letztlich ist ein Franchise als Solidargemeinschaft zu verstehen. Erst wenn alle Teilnehmer sich gegenseitig zusichern, die allgemeinen Spielregeln anzuerkennen, kann das Modell zu einem Gewinn für alle werden. Das bedeutet nicht, dass innerhalb dieses Korsetts keine Innovationen möglich sind. Der Big Mac zum Beispiel, eins von McDonald's erfolgreichsten Produkten weltweit, war die Erfindung eines Franchisenehmers. Allerdings müssen Franchisenehmer einen Spagat bewältigen und eine Regel beachten. Wenn sie nämlich trotz der Beschränkungen ihres unternehmerischen Geistes doch etwas verändern wollen, darf dies nicht nur für sie selbst oder einige wenige Partner gelten. Die Neuerung muss das Potenzial mitbringen, alle innerhalb der Solidargemeinschaft gleichermaßen voranzubringen. Sie dürfen nicht annehmen, dass sie mit der Unterschrift unter den gemeinsamen Vertrag die alleinigen Könige innerhalb ihres Reiches sind. Gerade bei Fragen der Markenführung und des Corporate Designs kam dieser Gedanke regelmäßig bei Partnern auf, wurde von uns aber nicht abgenommen und nicht freigegeben. Das betraf auch Internetauftritte einzelner Shops. Immer wieder gab es Webseiten, die von unseren Vorgaben abwichen und korrigiert werden mussten. Innerhalb der Unternehmenszentrale nannten wir diese Entwürfe »Piratenwebsites«.

Nur eine Ausnahme haben wir in all den Jahren zugelassen. Als unserer erster Shop in Hongkong aufgemacht werden sollte, erklärte der Lizenzpartner, dass die Eingangstür nicht schwarz sein dürfe, wie es von uns vorgeschrieben wurde. Das würde seine Kunden abschrecken und davon abhalten, den Laden zu betreten. Stattdessen bräuchte er eine rote Tür. Mir war gleich klar, dass Christian keine Extrabehandlung dulden würde. Weil der Lizenzpartner aber insistierte, ging ich der Sache nach. Ich unterhielt mich mit ihm darüber, fragte, welche kulturelle Bedeutung die verschiedenen Farben haben, und ließ mir Beispiele zeigen von Firmen, die in Hongkong von ihrem eigentlich heiligen Corporate Design abgewichen waren, um das Geschäft nicht zu gefährden. Und siehe da: Es gab Unternehmen, die bereits so gehandelt und sich angepasst hatten. Die Bedenken des Lizenzpartners schienen also Substanz zu haben und mehr zu sein als ein persönliches Anliegen, wie ich zunächst angenommen hatte.

Als ich die Argumente kurz erst bei Christian und danach im Vorstand vortrug und zur Abstimmung stellte, entschieden wir uns in diesem Punkt tatsächlich gegen unsere Fibel und das weltweit erprobte System. Es erschien uns richtig, dem Know-how und der Erfahrung des Lizenzpartners zu folgen. Eines mussten wir allerdings zusätzlich noch machen. Nach der Veröffentlichung der Fotos der Shop-Eröffnung haben wir an unsere Masterlizenzpartner eine Erklärung geschickt und die rote Tür als einmaligen Regelbruch erklärt, der nicht für andere Standorte geltend gemacht werden könnte. Nachdem wir versucht hatten, selbst bei eigentlich unverhandelbaren Kriterien offen für Veränderungen zu sein, baten wir jetzt sämtliche Lizenzpartner darum, unsere Entscheidung mit der gleichen Toleranz zu akzeptieren – und dieses Mal nicht auf gleiche Behandlung zu pochen. Es klappte. Von Beschwerden oder vergleichbaren Wünschen habe ich danach nichts gehört.

Gute Leute finden: Persönlichkeit ist entscheidend

Gute Erfahrungen habe ich auch damit gemacht, Positionen mit Kolleginnen und Kollegen zu besetzen, die auf den ersten Blick nicht die notwendigen Qualifikationen mitbrachten. Der gängige Weg sieht ja so aus: Man hat eine offene Stelle oder will etwas Neues aufbauen und listet auf, was der oder die Führungskraft erfüllen muss.

Damit geht man in die internen und externen Ausschreibungen oder engagiert einen Headhunter. Dieser klopft das Profil und die Erfahrung von Kadidaten ab, führt Erstgespräche und gibt Empfehlungen ab. Und das mag häufig auch dem gewünschten Prozedere entsprechen. Denn anschließend gewinnt man jemanden für sein Vorhaben, der jahrelanges Know-how und zahlreiche Kontakte mitbringt. So jemanden muss man kaum betreuen, so die Hoffnung, weil er schon genau weiß, was von ihm verlangt wird. So weit die Theorie. In der Praxis aber ist die Gefahr groß, dass diese Person schon zu routiniert ist und sich nicht ausreichend auf die Kultur des Unternehmens einlässt.

Ich bin häufig den umgekehrten Weg gegangen. Meine Annahme lautete: Das Fachliche ist zweitrangig. Die fachlichen Dinge können wir als Unternehmen beibringen, dazu gibt es einen professionellen Onboarding-Prozess. Die Persönlichkeit ist aber entscheidend und somit Werte, Leidenschaft, Lernbereitschaft und Überzeugung. Stimmen diese Eigenschaften, kann man sich den Inhalt und die für das Vertriebsgeschäft nötigen Werkzeuge später aneignen. Das ist natürlich eine subjektive Betrachtung, aber eine, die zugleich zulässig ist: Denn ich – der Vorstandschef – muss mit den Personen in den weiteren Führungsebenen täglich zusammenarbeiten und zu ihnen eine Beziehung aufbauen. Ich muss sie auf unsere Projekte einschwören und für die Ziele begeistern können. Lässt sich keine Verbindung herstellen, profitiere ich – und damit das Unternehmen – kaum von dem Fachwissen. Nach diesem Prinzip bin ich beispielsweise bei der Akademie von Engel & Völkers verfahren: Als eine neue Leitung gesucht wurde, habe ich eine Kollegin aus dem Social-Media-Team angesprochen. Didaktische Erfahrung hatte sie nicht, und sie war noch sehr jung. Aber ich habe ihr erklärt, dass ich sie trotzdem für geeignet halte, sie entwickeln möchte und für sie eine direkte Berichtslinie zu mir aufbauen würde.

In Erinnerung geblieben ist mir auch die Suche nach dem Leiter unseres Market Centers in Barcelona. Weil es das erste war, wollten wir nichts dem Zufall überlassen und den Prozess so professionell wie möglich gestalten. Dazu gehörte ein Assessment-Center und ein dezidierter Anforderungskatalog. Darin legten wir fest, dass die von uns gewünschte Person Vertriebserfahrung und Führungsverantwortung haben muss – und natürlich fließend Englisch spricht. Das hielten wir für unerlässlich für ein internationales Unternehmen und gehörte zu unseren sogenannten harten Kriterien.

Wir bekamen zahlreiche bemerkenswerte Bewerbungen zugeschickt und führten die Gespräche über zwei Tage hinweg. Dabei stach vor allem ein Kandidat heraus. Er erfüllte nahezu alle Punkte perfekt. Dann kam Juan-Galo als einer der letzten Bewerber am späten Nachmittag des zweiten Tages. David kannte ihn schon und warnte mich, dass seine Englischkenntnisse »nicht so richtig vorhanden« seien. Ich fragte, was das bedeuten würde, aber David sagte nur: »Du wirst schon sehen.« Als die Tür zu unserem Konferenzraum aufging, kam ein braun gebrannter Spanier mit tadellos sitzendem Anzug und einem etwas zu breiten Gucci-Gürtel auf mich zu. Er streckte mir die Hand entgegen und sagte klar und deutlich: »Hello, Mr. President.« Ich grüßte höflich zurück und begann das Gespräch auf Englisch, wie wir es bei allen anderen Vorstellungsrunden zuvor gemacht hatten. Juan-Galo aber schaute mich nur mit sehr großen Augen an. Da war klar: Außer diesen drei Worten konnte er nichts weiter auf Englisch sagen. Wir wechselten zum Spanischen, was bedeutete, dass ein paar Passagen und Zusammenhänge für mich übersetzt werden mussten. Das änderte aber nichts an dem Eindruck, den ich von ihm hatte, im Gegenteil. Die Energie, mit der er über sich, seine Vision und die Aufgabe sprach, für die wir einen Verantwortlichen suchten, zeigte mir: Da sitzt ein super Typ, der ganze Teams mitreißen und überzeugen kann. Und der deshalb unser Market Center aufbauen muss.

Dass er keine Erfahrung in der Vermittlung von Immobilien hatte, hielt ich für keinen entscheidenden Nachteil. Das bedeutete nämlich: Wir konnten ihn so trainieren, wie wir es für richtig und notwendig hielten. Das ist oft leichter, als wenn jemand schon bei einem Wettbewerber tätig war und danach lernen muss, sich neu auszurichten und voll und ganz auf die Stimmung, Kultur und das Handwerk von Engel & Völkers einzulassen.

Wären wir strikt bei unserem vorab formulierten Anforderungsprofil geblieben, hätte Juan-Galo keine Chance gehabt. Da lagen andere Bewerber vorne. Dass wir in dem Moment aber, als er den Raum betrat, bereit waren, die eigenen Vorgaben flexibel auszulegen und einen branchenfremden Quereinsteiger zum Chef eines ganz neuen Konzepts zu machen, das habe ich zu keinem Zeitpunkt bereut. Bis heute nicht.

KAPITEL 6

ZIELE RICHTIG SETZEN

WIE MAN SICH TREU BLEIBT UND SEIN PROFIL SCHÄRFT

Im Herbst 2014 wollte ich mein Managementteam auf das kommende Jahr und die Eröffnung neuer Market-Center-Standorte vorbereiten. Zugleich verhandelten wir ein Joint Venture in Dubai. Die vorhergehende Wirtschafts- und Finanzkrise hatte dazu geführt, dass wir dort alle Lizenzpartner verloren hatten und jetzt wieder vorne anfangen mussten. Um beides mit dem Vorstand und der Führungsebene zu besprechen, lud ich alle für eine zweitägige Sitzung in das Fünfsternehotel »Louis C. Jacob« an der Elbchaussee in Hamburg ein. Die Wahl der Location in unmittelbarer Nähe zur Villa an der Elbchaussee 414, dort, wo alles mit Engel & Völkers begonnen hatte, war bewusst von mir getroffen worden. Der Aufsichtsrat von Engel & Völkers hatte mich auf Initiative von Christian Völkers kurz zuvor zum Co-CEO bestellt, und wir beide waren uns einig, dass wir richtig investieren mussten, vor allem in die Market Center, die sich als Erfolg herausgestellt hatten. Bis dahin hatte ich allerdings noch niemanden in meine Gedanken zur Wachstumsstrategie eingeweiht.

Ich plante, bei diesem für mich so wichtigen Treffen eine kurze Ansprache und eine Präsentation zur Einstimmung auf die nächsten zwei Tage zu halten. Mit Christian hatte ich den äußerst ambitionierten Plan abgestimmt, bis Ende des Jahres 1000 Immobilienberater auf der Market-Center-Plattform zu haben, dann noch mehr Tempo aufzunehmen und durch die Eröffnung neuer Market Center die Anzahl der Immobilienberater auf 2000 zu verdoppeln. Das Ziel war gesetzt – und für uns beide ging es nicht mehr um das Ob, sondern: Wie können wir es jetzt erreichen?

Die Vorstände, Führungskräfte und einige Mitarbeiter aus verschiedenen Abteilungen betraten den Saal des Hotels. Selbstverständlich war ich ein wenig angespannt. Es war immer mein großes Bestreben, alle Beteiligten von dem Nutzen der kommenden Projekte zu überzeugen. Ich wollte nicht aufgrund der Position auf meiner Visitenkarte bloß eine bestimmende Ansage machen und die Umsetzung einfordern. Und gerade damals, in meiner noch recht neuen Rolle als Co-CEO, war es mir umso wichtiger, alle Beteiligten mitzunehmen. An dem Ziel der Verdoppelung der Immobilienberater wollte ich zugleich aber keinen Zweifel aufkommen lassen. Ich war hundertprozentig davon überzeugt, dies als Team schaffen zu können. Um den richtigen Einstieg in das inhaltliche Thema zu bekommen, startete ich mit ein paar Analysen zu den bisherigen Market-Center-Standorten. Stolz präsentierte ich, dass unser erstes Market Center in Barcelona in jedem Quartal unsere Erwartungen im Businessplan übertroffen hatte. Und das lag bestimmt nicht daran, dass wir eher konservativ geplant hatten. Vielmehr ging die operative Umsetzung der Erfolgstreiber deutlich schneller voran, als wir es hatten voraussehen können. Auch die Zahlen zu den anderen Market Centern im Anfangsstadium konnten sich sehen lassen und deuteten aus meiner Sicht auf weitere Erfolge hin. Jetzt musste ich nur rhetorisch geschickt den Übergang aus der Analyse der Vergangenheit zu dem klaren Ziel für die nahe Zukunft Ende des Jahres 2015 schaffen.

Ich hatte mir in den Tagen zuvor sehr genau überlegt, welche Worte ich für diesen Quantensprung wählen würde. Wie auf der Webseite von Engel & Völkers nachzulesen war, hatte es von der Gründung im Jahr 1977 bis 2005 gedauert, um auf insgesamt 1000 Immobilienberater und Mitarbeiter zu wachsen. Und jetzt wollten wir innerhalb eines Jahres und nur im Geschäftsbereich der Market Center um 1000 Immobilienberater zulegen.

Ich schaute immer wieder durch die Reihen und versuchte anhand der Blicke und Reaktionen der Beteiligten zu verstehen, was in ihren Köpfen vorging. Natürlich wusste ich um die Bedeutung meiner Worte und baute den Spannungsbogen auf. Nach dem Blick in die Vergangenheit setzte ich jetzt an, das Ziel zu verkünden. Die Kugel war aus dem Lauf, ich hatte die Zahl genannt! Sie ging mir tatsächlich auch erstaunlich leicht von den Lippen. Danach herrschte erst mal ein kurzes Schweigen im Raum. Dann ergriff der Erste das Wort, und es entwickelte sich eine lebhafte Diskussion zwischen uns allen. Wie nicht anders zu erwarten, gab es unterschiedliche Sichtweisen. Einige stimmten sofort mit dem Ziel überein, andere hielten es für sehr oder viel zu ambitioniert. Was mir wichtig war: Jeder sollte die Chance bekommen, sich zu äußern. Teilweise ging die Diskussion schon in die Richtung der Umsetzung und was nötig wäre, um das Ziel zu erreichen. Ich schrieb einige Punkte auf ein Flipchart, um diese operativen Notwendigkeiten nach der Pause zu diskutieren. Schritt für Schritt. Das war mein Plan. Er wurde jäh unterbrochen.

Als sich schon einige Anwesende geäußert hatten und ich gerade eine positive Grundstimmung für meinen Plan ausmachte, sprang plötzlich eine von mir sehr geschätzte Mitarbeiterin aus dem Business Development auf und rief: »Ich bin überhaupt nicht einverstanden.« Sie erklärte energisch, dass wir in der Vergangenheit bewiesen hätten, unsere ambitionierten Ziele nicht erreichen zu können. Dann wurde sie noch eindringlicher und sagte schon fast erbost: »Ihr habt völlig den Bezug zur Realität verloren. Ich kündige!« Ich wusste natürlich, dass mit »ihr«, nur Christian Völkers und ich gemeint waren. Dann nahm sie ihre Sachen, verstaute alles in ihrer Handtasche, stand auf, ging hektisch zur Tür und verließ das Meeting.

Alle waren wie in einer Schockstarre. Es dauerte ein wenig, bis jemand etwas sagte. Auch ich hatte eine so heftige Reaktion nicht erwartet und musste mich kurz sammeln. Dann versuchte ich, die aufgebrachte Runde zu beruhigen und wieder Struktur in das Meeting zu bekommen. Aus eigener Erfahrung wusste ich nur zu gut: Wenn man von einer Sache überzeugt ist, sollte man seine klare Haltung zeigen und äußern. In diesem Fall war es nicht anders. Meine geschätzte Mitarbeiterin war nicht davon überzeugt, dass wir unser Ziel erreichen würden, und drückte das sehr klar aus. Ihre Reaktion respektierte und akzeptierte ich sehr schnell und lief ihr, als sie das Hotel verließ, nicht nach. Und trotzdem musste ich lernen: Mein lange gereifter Plan, an diesem Tag alle mit auf eine – meine – Reise zu nehmen, sie einzubinden und für das Vorhaben zu gewinnen, das Engel & Völkers meiner Überzeugung nach voranbringen würde, dieser Plan war nicht aufgegangen. Ein Teammitglied hatte ich dabei verprellt. Und verloren.

Die Profilschärfe einer Führungskraft

Nun ist es nicht so, dass uns in all den Jahren keine Führungspersonen verlassen haben. Natürlich gab es auch bei uns immer eine gewisse Fluktuation. Das gehört zum normalen Lauf der Dinge. Dennoch sensibilisierte mich die plötzliche Kündigung auf offener Bühne vor der gesamten Mannschaft im »Louis C. Jacob« noch mal neu. In den darauffolgenden Wochen und Monaten nahm ich mir noch mehr Zeit als geplant für viele und intensive Gespräche mit meinen Teammitgliedern und um die notwendigen Strukturen aufzubauen und die noch fehlenden Finanzierungen zu sichern. Ich wollte allen zeigen, dass es sehr wohl möglich war, diesen kühnen Plan zum Erfolg zu führen – insgeheim auch der Kollegin, die jetzt nicht mehr da war. Mit ihrem spontanen Ausbruch hatte sie mich herausgefordert und an einem Punkt gepackt, der mir wichtig war: Es ging um nicht weniger als meine Art und Weise, wie ich das Unternehmen führen wollte. Es ging um die Frage, wofür ich als Vorstandschef stehen wollte.

Bei dem Treffen im »Louis C. Jacob« im Jahr 2014 war ich noch nicht lange Co-CEO von Engel & Völkers. Ich hatte meine Rolle dort also noch nicht endgültig gefunden. Die Benennung zum gleichberechtigen Vorstandsvorsitzenden zuvor kam aber nicht aus dem Nichts. Über lange Zeit hinweg hatte mich Christian Völkers in den Gesprächen und Verhandlungen, die wir miteinander führten, darauf vorbereitet. Er hatte mir stets signalisiert, welches Skillset er sehen wollte und was mir dazu aus seiner Sicht noch fehlte. Daraus – und aus meinen eigenen Erfahrungen und Vorstellungen – habe ich die Bestandteile zusammengesetzt, die ich für die Entwicklung meiner Profilschärfe brauchte.

Ich glaube, dass nicht nur jeder Vorstand, sondern jede Führungskraft diese herausbilden und verinnerlichen sollte. Das ist wie bei dem Aufbau einer Marke: Es muss erkennbar werden, für welche inhaltlichen Leistungen und für welche Werte man als Führungskraft steht. Wird das deutlich und bleibt man dem einmal etablierten Kern treu, kann Vertrauen entstehen. Vertrauen bei allen weiteren Führungskräften und Mitarbeitern, dass man in der Lage ist, seinen eigenen Worten Taten folgen zu lassen. Das wiederum ist die Voraussetzung dafür, dass sie bereit sind, sich auf neue Projekte einzulassen und den Plan der Führungskraft für sich selbst zu übernehmen.

Es war schon immer die Aufgabe von Geschäftsführungen und dem mittleren Management, möglichst alle innerhalb eines Unternehmens, für die sie Verantwortung tragen, auf ihre Seite zu bringen, damit die gesamte Organisation an einem Strang zieht und sich nicht in verschiedene Richtungen bewegt. Heute ist diese

Fähigkeit noch mehr gefragt, weil Unternehmen in unser stark vernetzten und zugleich volatil gewordenen Welt schneller reagieren und agieren müssen als früher. Die internen Fliehkräfte und externen Einflüsse sind deutlich größer, als sie es vor 10 oder 20 Jahren waren. Covid-19, Russlands Angriff auf die Ukraine, die Inflation oder Donald Trumps Wahl und Wiederwahl sind nur vier der größten Ereignisse der letzten Zeit. Dazu kommen Treiber wie Social Media, künstliche Intelligenz und der Klimawandel, der dazu zwingt, Geschäftsmodelle zum Teil auf den Kopf zu stellen, weil diese in der Vergangenheit auf der Übernutzung von natürlichen Ressourcen und fossilen Brennstoffen basierten. Innerhalb eines Unternehmens formuliert derweil eine zunehmend diverser werdende Belegschaft so offen und fordernd wie vielleicht noch nie ihre Ansprüche hinsichtlich ihrer Selbstentwicklung, der Arbeitskultur, der Work-Life-Balance und dem Wunsch, bei Entscheidungen einbezogen zu werden. Das will und muss moderiert werden können. Von Vorgesetzten, die glaubwürdig sind, wenn sie erklären, welches Ziel erreicht und mit welcher operativen Strategie es umgesetzt werden soll. Für mich war entscheidend, nicht nur das Ziel zu definieren, sondern auch einen Weg aufzeigen zu können, wie wir als Team in der Lage sind, dieses Ziel zu erreichen.

Damit ich mich selbstbewusst vor meine Belegschaft stellen und alle diese Fragen beantworten konnte, war es für mich unerlässlich, nach und nach mein bereits erwähntes Profil aufzubauen und zu schärfen. Rückblickend betrachtet begann das – unbewusst – schon unmittelbar nach der Ausbildung, nämlich mit meiner Selbstständigkeit auf Mallorca. Dort habe ich das Geschäft von der Pike auf gelernt und zugleich den ersten Immobilien-Shop als Lizenznehmer im Ausland aufgebaut. Das war, wie ich später feststellte, der Grundstein für die Geschichte, die ich selbst erzählen konnte und die auch unausgesprochen immer präsent war: Ich war kein von außen eingekaufter, branchenfremder CEO, wie er bei anderen Familienunternehmen an der Spitze installiert wird, sich aber eigentlich für Höheres berufen fühlt. Stattdessen war ich stets der ehemalige Auszubildende, der schon früh bereit war, etwas für sich und das Unternehmen zu wagen – und der es mit dieser Herangehensweise nach oben geschafft hatte.

Wenn es um den Vertrieb, das operative Maklergeschäft, die Expansion in neue Märkte und den Aufbau von Büros ging, konnte ich stets punkten. Das war mein Fundament, und mit den Jahren lernte ich, wie sich das in zwei Richtungen nutzen ließ. Zum einen konnte ich allen Mitarbeitern und weiteren Führungskräften bei neuen Projekten die notwendige Sicherheit vermitteln. Zum anderen konnte ich aus meiner Erfahrung und meinen Fähigkeiten selbst Kraft schöpfen. Ich wusste, dass, wenn alle Stricke reißen und die jeweils zuständigen Personen ausfallen sollten, ich übernehmen könnte. Deshalb bin ich als Vorstandschef über die gesamten zehn Jahre hinweg auch ein vergleichsweise operativer CEO gewesen. Ich wollte nah an dem Kern meines Profils bleiben, die Führungskräfte vor Ort mit allen Mitteln unterstützen – und zugleich stets in der Lage bleiben, im Zweifel als Back-up einspringen zu können.

Die weltweite Pandemie und mein Führungsverhalten

Um andere Menschen führen zu können, braucht es jedoch nicht nur Know-how und operative Fähigkeiten. Mir hat es sehr geholfen, dass ich ein Wertegerüst für mich definiert hatte und dieses mit darüber bestimmte, in welcher Atmosphäre und Kultur ich die inhaltliche Arbeit umgesetzt sehen wollte. Läuft das Geschäft rund, wird diesem Aspekt erfahrungsgemäß weniger Beachtung geschenkt. Während großer Herausforderungen oder sogar Krisen hat mir mein Wertegerüst als Leitplanke gedient. Zu meiner Zeit an der Spitze von Engel & Völkers war das nie so deutlich zu spüren wie zu Beginn der Coronapandemie. Ich war sehr bemüht, Ruhe zu bewahren – hatte aber natürlich wie so viele andere auch keine Ahnung davon, was auf uns zukommen würde.

Zu Besuch bei Paul in Sausalito in der San Francisco Bay

Damals, im März 2020, war ich in San Francisco, als mein Telefon morgens um vier Uhr klingelte. Michael rief an, unser Vice-Chairman und Gesellschafter. Offenbar hatte er nicht mitbekommen, dass ich außerhalb Europas unterwegs war und neun Stunden Zeitunterschied zwischen uns lagen. Er klang aufgeregt, sprach hektisch und erzählte etwas von einem sich schnell ausbreitenden Virus in Italien. Ich war noch sehr verschlafen und musste erst mal meine Gedanken sortieren. Vor meinem Flug nach Amerika hatte ich zwar von einem Fall in München gehört, wonach sich jemand während einer Asienreise mit einem Virus angesteckt hatte. Aber konnte es damit jetzt eine Verbindung geben? Könnte eine Pandemie auf uns zukommen, wie Michael meinte? Ich sicherte ihm zu, mir schnell einen Überblick zu verschaffen.

Nach dem Auflegen suchte ich mir alle verfügbaren Informationen aus dem Internet zusammen. Michael hatte recht. Es gab schon zahlreiche Artikel über eine mögliche Virusverbreitung. Die Informationen waren noch sehr vage, aber ich würde versuchen, gleich nach meiner Ankunft in Hamburg weitere Infos zu bekommen. Seine Frage, wie groß der Einfluss einer Pandemie auf unser Geschäft sein würde, konnte ich zu diesem Zeitpunkt nicht beantworten. Am Nachmittag telefonierte ich mehrmals ausführlich mit unserer Personalleiterin. Viele unserer Mitarbeiter waren in den sogenannten Hamburger Skiferien in Tirol oder anderen Gebieten in den Alpen. Sie machte einen Vorschlag. »Sven, was hältst du davon, wenn wir eine Art Stresstest machen und am Dienstag nach den Ferien das Headquarter für einen Tag schließen, um zu schauen, ob die Abläufe auch online funktionieren?« Ich dachte darüber nach, was das für uns bedeuten würde. Bestimmt würden einige Personen die anstehenden Projekte am Telefon besprechen. Vielleicht würden andere die Technik auch für

Onlinekonferenzen nutzen. Aber: Einen Tag vor dem Stresstest noch mal ins Büro zu kommen – das schien keinen Sinn zu ergeben. Im Gegenteil. Wenn die Informationen in den Medien stimmten, würden wir das Risiko einer Ansteckung nur vergrößern. Nachdem ich weitere Informationen zusammengetragen hatte, rief ich unsere Personalleiterin ein weiteres Mal an. »Wir machen keinen Stresstest«, sagte ich. »Wir öffnen die Türen am Montag gar nicht, sondern erst wieder, wenn wir mehr Informationen über die Ausbreitung und die möglichen Ansteckungsgefahren des Virus haben.« – »Meinst du nicht, wir sollten auch mit den anderen Vorständen sprechen?«, lautete ihre Antwort. Natürlich hatte sie recht. Ich konnte diese drastische Entscheidung nicht alleine treffen. Aber nach ein paar weiteren Gesprächen stand mein Entschluss fest.

Wie sich herausstellte, gehörten wir zu den wenigen Hamburger Unternehmen, die am Montag nach den Ferien nicht wieder aufmachten. Wir riefen die Mitarbeiter dazu auf, einzeln nach einem gut organisierten Zeitplan ihren PC im Headquarter abzuholen, und begannen von einem Tag auf den anderen, konsequent auf Homeoffice umzustellen. Mir war es wichtig, dass keine Termine abgesagt wurden. Alles musste jetzt online organisiert werden. Was vor Ausbruch der Pandemie als nahezu unmöglich galt, nämlich eigenverantwortlich von zu Hause aus zu arbeiten, war jetzt Alltag. In den Nachrichten sah ich die erschütternden Bilder von Militärfahrzeugen, die Leichen aus einer italienischen Stadt abtransportierten, hörte von der Einstellung des Flugverkehrs und weiteren Hiobsbotschaften.

Die Vermittlung von Immobilien brach schlagartig weltweit ein. Damit war klar, dass das Courtageniveau bald deutlich sinken würde. Neugeschäfte konnten aufgrund der Beschränkungen kaum angeschoben werden. Es wurden nur noch »ältere« Deals abgewickelt. Neben der Sorge um die eigene Gesundheit, die der Mitarbeiter und die ihrer Liebsten herrschte jetzt auch Panik in Bezug auf die Umsatzentwicklung. Als Vorstand rechneten wir in einigen Szenarien mit Einbrüchen von bis zu 90 Prozent, und es war leicht vorherzusagen, wie lange wir das überleben konnten, ohne die Kosten anzupassen. Thilo und ich verbrachten Stunden am Telefon, um die Vorstandschefs und Finanzvorstände der einzelnen Landesgesellschaften auf harte Sparmaßnahmen einzustimmen. Vor dieser Krise hatte ich die Länder immer wieder besucht, um Präsenz zu zeigen und mit dem Management über operative und strategische Projekte zu sprechen. Jetzt war es umso wichtiger, das Management ganz eng bei der Umsetzung der Maßnahmen zu begleiten. Jedes Gespräch war ein Balanceakt zwischen knallharten Einsparmaßnahmen und demonstrativer Zuversicht, dass wir gemeinsam gestärkt aus dieser Krise hervorgehen könnten.

Leider wurde ich darin nicht von allen Gesellschaftern und Vorständen unterstützt. Einige hatten sich isoliert und redeten nur noch vom Weltuntergang. Christian übertraf sich fast täglich mit düsteren Prognosen in Bezug auf die wirtschaftliche Entwicklung von Engel & Völkers. Thilo und ich waren aufgefordert, alle Maßnahmen zu prüfen, um den Markenkern zu schützen. Dies würde im Extremfall bedeuten, das operative Geschäft aufzugeben, alle zuständigen Personen zu verabschieden, die regionalen Headoffices zu schließen und sich ausschließlich auf den Fortbestand der Marke zu konzentrieren. In diesem Moment gab es nur zwei sichere Jobs im Unternehmen: nämlich die der beiden Geschäftsführer der Gesellschaft, die mit der Marke und dem Markenschutz betraut waren. Alles andere und jede andere Position, auch meine eigene, standen auf dem Prüfstand.

Um das Geschäft irgendwie am Laufen zu halten, versuchten einige Immobilienberater, wenn es die Beschränkungen noch zuließen, mit ihren Handys Objektvideos zu drehen, damit Interessenten einen – unter diesen Umständen bestmöglichen – Eindruck der jeweiligen Immobilie bekommen konnten. Ich baute zahlreiche Kommunikationswege auf, um viel Zeit mit allen Mitarbeitern aus dem Headquarter, aber auch mit dem Management im Ausland, den Lizenzpartnern und Immobilienberatern weltweit online verbringen zu können. Jeden Donnerstag hatte ich eine Reihe von Videokonferenzen und startete ganz bewusst nicht mit operativen Fragen, sondern regte erst einmal den Austausch zwischen den Personen aus den einzelnen Ländern und Bereichen an. Es ging mir darum, dass alle ein Gefühl für die Kolleginnen und Kollegen und ihre jeweilige Stimmung vor Ort bekamen. Einige Teilnehmer dieser Konferenzen waren seit Wochen in ihren vier Wänden eingesperrt. Wenn sie über ihre Gefühle sprachen und von Freunden oder Geschäftspartnern berichteten, merkte und sah man ihnen an, was sie durchmachten.

Gemessen an den operativen Kennzahlen, die die CEOs und CFOs der Landesgesellschaften präsentierten, hätte das Bild am Anfang der Pandemie nicht unterschiedlicher sein können. In einigen Ländern stiegen die Suchanfragen schnell wieder an. Aus den Schilderungen konnte ich erkennen, dass die Menschen dort trotz aller Verunsicherungen und Einschränkungen gewillt waren, in ein neues Zuhause zu investieren. Ließ sich der prognostizierte Umsatzeinbruch von 90 Prozent doch verhindern? Auf der anderen Seite gab es Regionen und Länder, in denen überhaupt kein Geschäft möglich war. Ein pauschaler Ansatz, um die Krise zu bekämpfen, war also nicht sinnvoll. Ich vereinbarte mit jedem CEO und CFO individuelle Maßnahmen und bestätigte sie darin, investieren zu dürfen. Es kam jetzt darauf an, nicht alle Ausgaben fürs Marketing, Recruiting oder die Aus- und Weiterbildung zurückzuhalten. Ich wollte mir nicht selbst die Krise ins Haus holen. Nach jeder Videokonferenz stimmte ich mich mit Thilo ab, um Gewissheit zu haben, dass nicht nur ich die positiven Signale sah. Gerade weil mir manchmal vorgehalten wurde, zu optimistisch zu sein, wollte ich sichergehen, mich nicht zu verrennen.

Trotz der räumlichen Distanz zwischen den Teilnehmern der Videokonferenzen spürte ich bei allen eine große Verbundenheit. Der Teamspirit schien intakt zu sein. Jeder brachte sich ein, es gab keine Rivalitäten oder politischen Spielchen in dieser ungewohnten, auf einmal stark digital geprägten Welt. Was vor der Pandemie als nahezu unmöglich galt, wurde jetzt in rasender Geschwindigkeit online umgesetzt. Durch den intensiven Austausch wurden die Ideen von Land zu Land getragen.

Ich versuchte, meine Eindrücke an die Aktionäre weiterzugeben. Bei ihnen herrschte aber immer noch große Vorsicht, zum Teil war es sogar Panik. Ich musste mich immer wieder rechtfertigen und fragen lassen, ob es richtig sei, jetzt schon wieder so viel zu investieren. Mir war bewusst, dass wir ein hohes Risiko eingingen. Andererseits: Wenn wir die Kosten noch weiter runterschraubten, würden unsere Büros und speziell die Market Center keinen Ausweg finden. Davon war ich überzeugt. Also vereinbarte ich mit den Länder-CEOs und -CFOs, dass sich Lizenzpartner und Immobilienberater online aus- und weiterbilden lassen konnten. Ich wollte, dass vor allem diejenigen, die sich lange einschränken und isolieren mussten, die Zeit sinnvoll nutzen konnten.

Eine weitere Baustelle war meine persönliche Verantwortung für die zuvor zurückgekauften Lizenzen mit Immobilien-Shops in Deutschland. Bei diesem Schritt hatte ich mich gegen die Skepsis des Gründers und anderer Aktionäre und Aufsichtsratsmitglieder durchgesetzt. Wir betrieben jetzt also wieder selbst Immobilien-Shops im Westen von Hamburg, in Hannover, Düsseldorf, Essen, im Taunus, in Köln und München. Mit dem Deal hatte ich allerdings zugleich zugesagt, selbst deren operative Steuerung zu betreuen. Das bedeutete also, dass ich nicht nur die Kosten in den Büchern hatte, sondern mich auch kümmern musste. Und die Zahlen entwickelten sich nicht gut. Die ersten Wochen nach Einführung der Beschränkungen waren niederschmetternd. Zwar wurden noch ein paar Projekte aus der Zeit vor Corona abgewickelt, aber die Aktivitäten brachen nahezu komplett ein. An Neugeschäft war in den ersten Wochen, sogar in den ersten Monaten gar nicht zu denken. Die folgenden Monate waren dadurch geprägt, dass ich täglich nahezu allein im neuen Headquarter in der HafenCity saß und mich nur die Personen vom Wachdienst aus sicherer Entfernung begrüßten oder am Abend verabschiedeten. Es war richtig, dass sich alle Mitarbeiter schützten und im Homeoffice saßen. Aber es war traurig zu sehen, wie unser neues Bürogebäude verwaiste. Zwei Jahre zuvor hatten wir hier noch festlich die Eröffnung zelebriert.

Die Situation verbessert sich

Es dauerte, bis ich zum ersten Mal Licht am Ende des Tunnels sah. Unser Büro lag, wie bereits gesagt, in der HafenCity, und bei meinen Autofahrten dorthin fielen mir in Wohngebieten immer häufiger Fahrzeuge von Gartenbaufirmen, Inneneinrichtern oder Lieferdiensten auf. Offenbar versuchten zunehmend mehr Menschen, ihr Zuhause so komfortabel wie möglich zu gestalten, trotz oder gerade wegen der Einschränkungen. Die eigenen vier Wände bekamen eine noch größere Bedeutung als zuvor. Sie dienten nicht mehr nur als Schlafstätte, sondern als Ort, an dem man seiner Arbeit mit unzähligen Videokonferenzen nachging, die Kinder fernunterrichtet wurden und sämtliche Freizeitaktivitäten ebenfalls ihren Platz hatten. »My home is my castle«, hieß es jetzt überall. Bekannte von mir, aber auch Mitarbeiter gaben sogar ihre Wohnung in Hamburg auf und mieteten eine Wohnung oder ein Häuschen auf dem Land oder an der Küste. Die nationale und internationale Presse stürzte sich auf das Thema. Ich bekam viele Interviewanfragen von Journalisten zum Thema Wohnen. Was war in den letzten Monaten geschehen?

Die Anzeichen verdichteten sich, dass sich etwas drehte. Es schien so, als ob viele darüber nachdachten, wie sie künftig leben, arbeiten und wohnen wollten. Einige änderten aufgrund der Pandemie komplett ihre Suchkriterien. Auf einmal waren Dinge wie ein Highspeed-Internetzugang von höchster Bedeutung. Die Nachfrage nach Immobilien stieg von Woche zu Woche wieder an, aber wir konnten nur wenige Besichtigungen und Objektaufnahmen anbieten, und das auch nur mit akribischer Vorbereitung. Die Pandemie hatte Deutschland und viele andere Länder Europas weiter fest im Griff. Natürlich produzierten unsere Immobilienberater Objektvideos mit ihren Handykamers, um den Kunden einen besseren Eindruck von Wohnungen und Häusern vermitteln zu können. Und der Service wurde angenommen: Viele Menschen nutzten offenbar ihre Zeit und sahen sich auf unseren Websites und Immobilienportalen ausführlich nach dem geeigneten Zuhause um. Immobilien, die wir mit zahlreichen Fotos und Videos präsentierten, waren besonders gefragt. Trotzdem kamen wir beim Abschluss nicht an der alten Maklerweisheit vorbei: »Kein Verkauf ohne Besichtigung«. So geeignet Videos für die Vorauswahl sind: Jeder

Interessent wollte letztlich doch mindestens einmal durch die Räumlichkeiten schreiten und ein Gefühl für die Räume, die Lage und die Atmosphäre bekommen. Journalisten fragten mich zwar immer und immer wieder, ob wir Immobilien nicht inzwischen ausschließlich online vermitteln würden. Und tatsächlich gab es Beispiele, bei denen das gelang. Aber es waren absolute Ausnahmefälle, und meistens kannten die Interessenten die Immobilien auch schon, wie sich herausstellte. In Paris beispielsweise schlug ein Käufer nach einer Videobesichtigung zu, weil jemand aus seiner Familie bereits ein Apartment in demselben Wohnhaus besaß.

In Amerika waren unsere Geschäfte vor der Pandemie auf einem guten Weg. Sie wuchsen stark, und die Profitabilität erhöhte sich deutlich. Corona ließ das, was wir aufgebaut hatten, wie ein Kartenhaus beim ersten Windstoß einstürzen. Anthony berichtete von der fast schon gespenstischen Atmosphäre zu Beginn des Lockdowns in New York City, und ich merkte ihm an, wie sehr er darunter litt, in seiner Wohnung eingeschlossen zu sein. Die Stadt, die niemals schläft, war zum Erliegen gekommen. Wo sich sonst Abertausende Touristen, Geschäftsleute und Familien auf den Straßen von New York drängten, war es jetzt wie ausgestorben. Und unmittelbar zuvor war Matthis, unser neuer Chief Financial Officer, von Hamburg aus mit seiner Frau nach New York gezogen, um das Managementteam zu komplettieren. Es war ein denkbar schwieriger Einstieg, und vor Ort war er zunächst nur als Restrukturierer gefragt. Grundsätzlich aber hielt ich es für einen Gewinn für die Entwicklung unseres US-Geschäfts, wenn Kollegen aus der Unternehmenszentrale nach Amerika wechselten, um ihre Erfahrung einzubringen und das operative Geschäft dort und in Kanada zu verstehen. Insgeheim erhoffte ich mir davon zudem, mehr Unterstützer für meine Expansionspläne in Amerika zu gewinnen. Und später zeigte sich tatsächlich, dass gerade Matthis nach seiner Rückkehr ein enormes Verständnis für die Gepflogenheiten und die daraus resultierenden Herausforderungen aufgebaut hatte und mich bei Sitzungen inhaltlich unterstützte.

Nach einer gewissen Zeit etablierte sich in unseren Videokonferenzen ein neuer Begriff: Wir sprachen von »the new normal«, was nichts anderes bedeutete, als dass wir uns zwar immer noch mit vielen Einschränkungen konfrontiert sahen, aber lernten, mit ihnen zu leben. Es kehrte eine gewisse Normalität zurück. In unseren wöchentlichen Runden mit den CEOs und CFOs der Länder zeigte sich ab dem zweiten Quartal 2021 ein enormer Anstieg der Aktivitäten. Die EZB-Leitzinsen lagen seit dem Jahr 2016 bei exakt null Prozent, und natürlich war aufgrund der Pandemie kein Anstieg in Sicht. Das Gleiche spielte sich in den USA ab, wo auch die Federal Reserve, die Notenbank, eine ultralockere Geldpolitik verfolgte, um die Wirtschaft mit frischem, billigem Geld zu versorgen. Das wirkte wie ein Turbo. Der Traum vom Eigenheim, finanziert durch sehr niedrige Konditionen unter einem Prozent, war für viele ein enormer Anreiz, über den Kauf einer Immobilie nachzudenken. Jedes neue Objekt erfreute sich hoher Beliebtheit bei den Suchkunden. Der Markt drehte sich. Die Verkäufer waren auf einmal in einer so starken Position, dass sie die Bedingungen diktieren konnten. Die Folgen ließen nicht lange auf sich warten. Die Preise kletterten in vielen Märkten in noch nie dagewesene Höhen. Trotzdem schreckten die Suchkunden nicht zurück. Sie überboten sich gegenseitig. Auf jede Immobilie kamen auf einmal vier bis fünf ernsthafte Interessenten, die bereit waren, den vollen Kaufpreis und die aufgerufene Courtage zu akzeptieren. Mehr noch: Sie wollten, dass wir innerhalb kurzer Zeit zum Notar gehen, um den Deal unter Dach und Fach zu bekommen. Auch Investoren sprangen auf den Zug auf und wollten sich mit Eigentumswohnungen als Assets eindecken. Für Immobilienberater bestand die größte Herausforderung darin, Suchkunden, die sie betreuten, Absagen beizubringen. Und das, obwohl diese den vollen Kaufpreis aufgeboten hatten. Aber andere Kunden hatten schlichtweg noch mehr geboten. Für einige Immobilien wurden sogar Bieterverfahren organisiert, weil die Verkäufer merkten, dass ihr Angebotspreis von Interessenten deutlich überboten wurde und somit ein Wettbewerb mit anderen Interessenten entstand. Es war schizophren. In meinen zwei Jahrzehnten zuvor hatte ich einige heftige Krisen am Immobilienmarkt erleben müssen, und auch die Anfangszeit der Pandemie war mehr als herausfordernd. Jetzt aber hatte sich das Blatt um 180 Grad zu unseren Gunsten gewendet.

Trotzdem war die Situation zwischen Christian und mir weiter angespannt. Während er sich sehr stark isolierte, hatte ich alles versucht, um den Laden zusammenzuhalten. Jetzt zahlte es sich aus, dass wir vor dem Ausbruch der Pandemie viel in den Rückkauf von Lizenzen investiert hatten und wieder viele eigene Büros besaßen. Die Monate des Einbruchs ließen mich deswegen zwar vor Sorge kaum schlafen, aber jetzt spielten sie beim Courtage- und Gewinnwachstum eine entscheidende Rolle. Der einzige Wermutstropfen: Christian wollte davon nichts wissen. Irgendwie hatte ich mir nach dieser zehrenden Phase eine Anerkennung erhofft und erwartet. Irgendwann aber merkte ich: Sie wird nicht kommen. Christian war zu sehr mit sich selbst beschäftigt.

KAPITEL 7

FEHLER PASSIEREN JEDEN TAG

WELCHE FEHLEINSCHÄTZUNGEN MICH ALS FÜHRUNGSKRAFT WEITERGEBRACHT HABEN

In einer Branche, in der es so sehr auf Beziehungen und Kontakte ankommt, sind Messen und Konferenzen immens wichtig. Vor allem in den USA, wo das Geschäft noch mal ein, zwei Nummern größer ist als in Europa und bei Veranstaltungen wesentlich mehr Akteure zusammenkommen. Bei solchen Treffen kann sich entscheiden, wie schnell man vorankommt. Trifft man die richtigen Leute und präsentiert man sich von seiner besten Seite, kann das die persönliche Karriere und das Wachstum des Unternehmens beschleunigen.

Aus kleineren und größeren Fehlern lernen

Als wir also 2005 gefragt wurden, ob wir uns Ende Oktober bei der Konferenz von Christie's International Real Estate in Chicago präsentieren wollten, mussten wir nicht lange überlegen. Wir waren seit einiger Zeit Partner des traditionsreichen Auktionshauses und nahmen die Einladung sofort an. Schon am Morgen des ersten Tages war der Frühstückssaal unseres Hotels mit unzähligen Personen aus der Immobilienwirtschaft gefüllt. Alle waren zum Netzwerken hier, und so trat laufend jemand anderes an unseren Tisch und wollte wissen, woher wir denn kommen. Es war wie ein Wettbewerb, bei dem es darum ging, für spätere Geschäfte möglichst viele Visitenkarten zu sammeln und zu verteilen.

Im Konferenzsaal stellten sich nach der Begrüßung die ersten Partner der Ost- und Westküste der USA vor, und irgendwann leuchtete auch unser Name auf. Es war das Zeichen dafür, dass sich Christian Völkers, unser CEO, bereithalten sollte. Natürlich wollten die Zuhörer bei der Veranstaltung weniger Informationen zu unserem konkreten Geschäftsmodell haben als vielmehr Grundsätzliches über den Immobilienmarkt in Deutschland oder vielleicht Spanien erfahren. Als ich in Hamburg die PowerPoint-Präsentation vorbereitete, hatte ich es mir trotzdem nicht nehmen lassen, auch Folien über unser Wachstum einzubauen. Schließlich wollten wir ja die Chance nutzen, die Teilnehmer mit unserer Expansionsgeschwindigkeit zu beeindrucken. Als Christian allerdings auf die Bühne gehen sollte, schaute er nur kurz zu mir rüber und sagte trocken: »Heute übernimmst du.« Ich wusste nicht, ob ich ihn richtig verstanden hatte. Wie bitte? Ich sollte übernehmen? Aber in so einem Moment fragt man nicht zweimal nach. Ich stand auf, mit weichen Knien, machte den Knopf meines Blazers zu und ging nach vorne. Von dort aus blickte ich in Hunderte Gesichter, die meinen Auftritt erwarteten. Und sie sollten ihn in Erinnerung behalten. Denn für den Abschnitt über unsere Expansion hatte ich eine Weltkarte herausgesucht, in der von unserer Zentrale aus animierte Pfeile in verschiedene Länder fliegen sollten. Nach und nach ging ich die einzelnen Stationen durch. Der erste Pfeil flog nach Österreich, der zweite auf meinen Knopfdruck hin nach Belgien. Es folgten Spanien, Luxemburg, die Schweiz und Italien, und auf meinem Laptop hatte das einprägsam ausgesehen. »Keep it simple, stupid« – an dieses bewährte Vortragsmotto wollte ich mich halten und glaubte, als ich wieder auf dem Rückweg zu meinem Platz war, alles richtig gemacht zu haben. Bis in der Pause ein großer, schlanker Kerl auf mich zukam. Er klopfte mir auf die Schulter, nannte mich Steven, weil Sven offenbar zu schwer auszusprechen war, und sagte dann so laut, dass es alle neben uns hören konnten: »Great job, Steven, but it reminds me of Blitzkrieg!« Und da erst wurde mir klar, dass er recht hatte. Auf dem großen Bildschirm muss es wie die Darstellung von Feldzügen der Nationalsozialisten in der Propagandasendung »Deutsche Wochenschau« ausgesehen haben.

Fehler passieren. Ständig. Je mehr man anstößt und unternimmt, desto größer wird die Wahrscheinlichkeit, auch mal danebenzuliegen. Bei manchen Fehlern kann man sofort beziffern, wie groß der Schaden ist, bei anderen geht das nicht. Wie bei meiner Präsentation in Chicago, bei der ich nicht sensibel genug war. Da blieb mir letztlich nur übrig, mich bei allen, die mich in den Stunden danach noch auf meine Präsentation ansprachen, zu entschuldigen. Ob uns dadurch ein Geschäft durch die Lappen gegangen ist? Ich glaube nicht. Mit Gewissheit sagen kann ich es aber auch nicht. Und manchmal gibt es auch Fehler, die nach außen hin gar nicht wie Fehler wirken, weil sie dem Unternehmen Umsatz und Gewinn bringen – und einen trotzdem auf die falsche Spur führen. So war es bei meiner Idee, unter der Marke Engel & Völkers ins Fondsgeschäft einzusteigen.

Der Einstieg ins Fondsgeschäft

Entstanden war sie aus der beständigen Frage heraus, wie wir unser Kerngeschäft sinnvoll erweitern könnten. Woran ist unsere vermögende Klientel womöglich noch interessiert, welche naheliegenden Dienstleistungen böten sich an, um sie ebenfalls in unser Portfolio zu integrieren? Immobilien werden immer auch als Geldanlage betrachtet, und so lag es für mich nahe, diesen Gedanken weiterzuspinnen und als neues Geschäftsfeld aufzunehmen. Im Jahr 2010 gründeten wir deshalb mit einigen Aktionären der Engel & Völkers AG eine neue Aktiengesellschaft, die Engel & Völkers Capital AG. Weil das aber Neuland für mich war, holten wir uns für unseren ersten Fonds, einen Wohnimmobilienfonds, eine Hamburger Privatbank an die Seite. Der Fonds trug den klangvollen Namen Deutscher Wohnfonds und investierte in Mehrfamilienhäuser in deutschen Metropolen wie Hamburg, Frankfurt oder Nürnberg. Ich hielt Dutzende Vorträge vor potenziellen Anlegern, um den Immobilienmarkt in Deutschland und seine Chance zu erklären. Die meisten Vorträge begann ich mit dem Satz: »Deutschland ist eine Mietnation.« Danach schauten mich schon viele erstaunt an. Warum Mietnation? Heißt es nicht im Volksmund »Schaffe, schaffe, Häusle baue«? Die wenigsten wissen aber, dass Deutschland die zweitniedrigste Eigentumsquote in Europa hat. Nur die Schweiz liegt hinter uns. Deutschland hatte zu dieser Zeit eine Eigentumsquote von etwa 45 Prozent. In Europa führt aktuell Rumänien die Eigentumsquote mit 97 Prozent an, und auch in Südeuropa liegt sie deutlich höher. In Spanien sind 80 Prozent der Einwohner Eigentümer, in Italien und Griechenland immerhin noch 74 Prozent.

Der Fondsprospekt war optisch eine Glanzleistung, mit Fotos von schmucken Fassaden und den üblichen professionellen Darstellungen. Viele Teilnehmer der Veranstaltungen zeichneten unseren Wohnfonds.

Danach aber stand ich vor einer viel größeren Herausforderung: Ich musste für die Investitionen Objekte finden, die zu den im Prospekt angegebenen Kriterien passten. Ich schaute mir unzählige Immobilien und Projekte an und stellte fest, dass ich bei der Vermarktung ein falsches Bild im Kopf hatte. Die Häuser hatten nichts mit denen aus dem Topsegment zu tun, die ich in den Jahren zuvor vermittelt hatte. Und darauf hatte ich mich eigentlich verlassen. Während ich mich in den Jahren zuvor also zwischen Florida, Hongkong, Kitzbühel und Mallorca bewegt hatte, war ich jetzt im Umland unterwegs, in den Metropolregionen der deutschen Städte.

Architektonische Highlights tauschte ich in kürzester Zeit gegen biedere Putzfassaden ein – die aus meiner Sicht natürlich eine

Rendite zu erbringen hatten. Trotz aller Anstrengungen war es wahnsinnig schwer, solche Anlagen zu finden und auch den Zuschlag für den Erwerb zu bekommen. Die Aufgabe, das Geld anderer Personen zu verwalten und zu investieren, sowie mein Drang, alles perfekt zu machen, trieben mich beinahe an den Rand des Wahnsinns. Es fühlte sich wie die Anfangszeit auf Mallorca an. Ich hatte wieder schlaflose Nächte, konnte nicht mehr richtig abschalten und dachte die ganze Zeit nur daran, wie ich das verdammte Geld – immerhin ein höherer zweistelliger Millionenbetrag – investieren könnte. Geld auf dem Konto zu haben und es sinnvoll investieren zu müssen, kann auch zu einer großen Last werden.

Nachts war mein Körper hundemüde, trotzdem konnte mein Kopf nicht abschalten. Vor meinem Team durfte ich mir nichts anmerken lassen, ich musste einfach funktionieren und weiterhin den Strahlemann geben. Ich war aber alles andere als glücklich und, wenn ich ehrlich war, am Rande eines Burn-outs. Mir fehlte meine alte Tätigkeit. Morgens zum Flughafen zu hetzen und irgendwo auf der Welt Menschen für das Produkt oder die Dienstleistung der Immobilienvermittlung zu begeistern – dahin wollte ich wieder zurück. Das motivierte mich und gab mir Energie. Das Fondsgeschäft hingegen, das ich mir selber eingebrockt hatte, saugte mich aus. Meine Batterie war fast leer. Meine Frau merkte schnell, dass ich mich in meiner neuen Geschäftswelt nicht wohlfühlte. Sie tat alles, um mich in dieser Phase zu unterstützen und aufzubauen, aber das reichte nicht. Ich musste das Neue hinter mir lassen und zurück in meine alte Welt gehen. Ich hatte meine Komfortzone verlassen und mich dabei zu weit von mir selbst entfernt. Zum Glück verstand das auch Christian Völkers und unterstützte mich dabei, neue Vorstandsmitglieder zu finden und eine neue Aktionärsstruktur für die Engel & Völkers Capital AG aufzubauen. Vor ein paar Jahren wurde der Deutsche Wohnfonds planmäßig aufgelöst. Für die Investoren hatte sich die Anlage unterm Strich gelohnt. Mein mühevoller Einsatz ist finanziell betrachtet also nicht umsonst gewesen. Aus persönlicher Sicht aber war es eine verschenkte Zeit, auf die ich gerne verzichtet hätte.

Wer etwas Besonderes gestaltet, macht auch Fehler

Wenn man in der Wirtschaft über den Umgang mit Fehlern spricht, landet man häufig bei den USA und deren Fehlerkultur. Ich würde mir wünschen, dass wir in Deutschland und Europa eine ähnlich große Akzeptanz für das Scheitern etablieren, dass es nicht zu einem unauslöschlichen Stigma wird, wenn ein Gründer mit seinem Startup pleitegeht oder ein Vorstand Projekte wieder beenden muss, weil sie sich doch nicht rentiert haben. Die ausschließlich negative Bewertung solcher fehlgeschlagenen Wagnisse und Vorhaben in der Öffentlichkeit, die wir bei uns noch zu häufig sehen, führt nämlich dazu, dass die Hemmungen wachsen. Die Bereitschaft, für das Wachstum einer Firma auch mal ins – kalkulierbare – Risiko zu gehen, nimmt ab, und das ist keine ideale Ausgangslage für Unternehmer, die etwas gestalten und mehr sein wollen als Manager, die lediglich das bisherige Business in ihrem Konzern verwalten möchten.

Bei Engel & Völkers haben wir stets unterschieden. Die Kennzahlen zur monatlichen, vierteljährlichen und jährlichen Entwicklung der einzelnen Bereiche wurden engmaschig überwacht und laufend diskutiert. Wichen diese von den gesteckten Benchmarks ab, hagelte es im Vorstand Kritik, und auch ich wurde davon nicht ausgenommen. Bei den langfristigen, visionären Zielen hingegen waren wir zwar äußerst ambitioniert – aber es ist bei der späteren Evaluierung niemand angezählt worden, wenn wir sie nicht erfüllt haben. Das kam in unserer Euphorie, der unangefochtene Weltmarktführer werden zu wollen, regelmäßig vor. Es gab Meetings auf Mallorca, bei denen wir unsere Absichten für die kommenden fünf Jahre formulierten und in Excel-Tabellen berechneten – um fünf Jahre später ernüchtert festzustellen, wie unrealistisch unsere Annahmen bei der Erstellung des Plans gewesen waren. So gingen wir nach der erfolgreichen Einführung unseres neuen Market-Center-Konzepts mal davon aus, um weitere sechs Market Center pro Quartal wachsen zu können. Sprich: um 24 pro Jahr! Das war natürlich völlig übertrieben und illusorisch. Es wäre gar nicht möglich gewesen, die dafür nötigen Führungskräfte zu finden und die finanziellen Mittel bereitzustellen. Personelle Konsequenzen hatte das aber nie, schließlich ging es uns auch immer um den unternehmerischen Spirit, mit dem wir als Team aufbrechen und weiteres Wachstum erreichen wollten.

Trotzdem ist es natürlich ratsam, in eine Analyse zu gehen, wenn einem Fehler unterlaufen sind. Was hätte ich machen können, um dieses oder jenes zu verhindern? Wo bin ich falsch abgebogen? Wieso konnte ich nicht entscheidend gegensteuern, als mir bewusst wurde, dass der ursprüngliche Plan nicht aufgehen wird? Das mag wie eine Binsenweisheit klingen, passiert aber im Alltag tatsächlich zu selten, weil man in letzter Konsequenz dann doch bei dieser Frage zu nachlässig ist oder glaubt, dass dafür die Zeit fehlt.

Wozu das führen kann, habe ich selbst mal schmerzhaft erfahren. Es muss um das Jahr 2008 herum gewesen sein, als wir einen Vertriebsleiter für unser Lizenzgeschäft suchten. Ich war sehr viel unterwegs, um potenzielle Kandidaten zu finden und Gespräche zu führen, aber irgendwann wurde klar, dass wir ergänzend jemanden benötigten, der alle dazugehörigen Daten im Blick behält und systematisch bearbeitet. Um einen Eindruck von der Dimension zu geben: Pro Jahr verzeichneten wir rund 3000 Kontakte mit Personen, die daran interessiert waren, eine Lizenz zu erwerben. Darunter war alles: eine Initiativbewerbung per E-Mail, die schnell erkennen ließ, dass daraus keine Geschäftsbeziehung wird, bis hin zu intensiven Meetings mit ernsthaften Kandidaten. Aus diesem Pool sind letztlich 30 neue Verträge entstanden – die Umwandlungsquote lag also bei gerade mal einem Prozent.

Die Persönlichkeit zählt mehr als das Fachliche

Um also zu filtern und zu koordinieren, welche Fäden wir aufnehmen sollten, wünschten wir uns einen Vetriebsprofi. Weil wir allerdings keinen fanden, der unserer Idealvorstellung entsprach, wurden wir nervös. Wir fingen an, uns Kompromisse schönzureden und stellten jemanden ein, der bis dahin Nahrungsergänzungsmittel in einem Strukturvertrieb vermarktet hatte. Die Beziehung hielt nicht mal ein Jahr, dann lösten wir den Vertrag wieder auf. Seine Persönlichkeit, mit der wir von Beginn an haderten, war letztlich doch nicht kompatibel mit unseren Anforderungen – sein Auftreten war nicht immer mit den Markenwerten von Engel & Völkers vereinbar, und dadurch eckte er auch immer wieder an. Einige meiner Führungskräfte konnten nicht nachvollziehen, warum wir bei dieser Einstellung kompromissbereit gewesen waren, und ich musste mich oftmals dafür rechtfertigen.

Doch damit nicht genug. Beim nächsten Anlauf ein paar Jahre später wiederholten wir den Fehler. Zwar wollte ich eigentlich einen

Kollegen aus unserem Haus auf den vakanten Posten befördern. Weil vor allem Christian Völkers hingegen wieder glaubte, dass externe Kandidaten mehr Erfahrung und frische Ansätze mitbringen würden, entschieden wir uns diesmal für jemanden, der wieder auf dem Papier über großes internationales Vertriebs-Know-how verfügte und fließend Deutsch, Englisch und Französisch sprach. Uns erschien das passend, weil wir zu dem Zeitpunkt auch stark in Belgien und Frankreich expandieren wollten. Das Team, das er zu führen hatte, war von unserer Wahl jedoch nicht überzeugt. Es fand kaum einen Draht zu ihm. Dem übergangenen Kollegen musste ich wortreich erklären, warum wir nicht auf ihn setzten – und dann kam die Weihnachtsfeier. Sie fand auf St. Pauli statt, im »East Hotel« nahe der Reeperbahn, mit 250 Mitarbeiterinnen und Mitarbeitern. Wie in jedem Jahr wollten wir auch diesmal eine alte Tradition beibehalten. Sie sah vor, dass aus allen neuen Kollegen fünf Namen wie bei einer Lotterie gezogen wurden, und diese fünf waren dann – nach etwa 90 Minuten Vorbereitungszeit – aufgefordert, auf der Bühne etwas vorzutragen. Nicht alles, was wir dabei über die Jahre zu hören und sehen bekommen hatten, war herausragend, natürlich nicht. Nur ganz wenige haben neben ihrem Alltagsjob noch ein echtes Talent dafür, eine Show abzuziehen. Aber das Ritual war immer unterhaltsam, und man lernte die Kollegen von einer unerwarteten Seite kennen. So auch den neuen Vertriebsprofi. Er ging nach oben, griff sich das Mikrofon und erzählte einen Witz. Einen sexistischen, frauenfeindlichen Witz. Ohne Pointe. Das Ganze dauerte nur etwa 30 Sekunden. Die aber reichten, um den gesamten Saal verstummen zu lassen. Keiner lachte, keiner wusste, was er sagen oder machen sollte. Es war zum Fremdschämen. Wie bei einer Folge der deutschen Comedy-Fernsehserie »Stromberg«, nur niveauloser. Und eingreifen konnte auch keiner mehr.

Als ich den Vertriebsleiter am nächsten Morgen zu mir ins Büro bestellte, war er sich keiner Schuld bewusst. Er verstand die Aufregung nicht und begründete seinen Einfall mit der Erklärung, dass es auf einer Weihnachtsfeier doch locker zugehen solle. Was sei schon dabei, mal einen etwas derberen Witz zu erzählen? Mir blieb nichts anderes übrig, als ihm mit sofortiger Wirkung zu kündigen.

Auch wenn ich an dem Abend nicht selbst auf der Bühne gestanden und mich zum Gespött aller Anwesenden gemacht hatte: Ganz freimachen konnte ich mich nicht von dem Gedanken, dass ich für diesen Fall mitverantwortlich war. Ich hatte seine Einstellung befürwortet und durchgezogen. Ich hatte intern jemanden verprellt, der für diese Position qualifiziert genug war. Ich hatte meine Zweifel, die von Beginn an unüberhörbar waren, zu leichtfertig beiseitegeschoben. Zu dem Fehler war es gekommen, weil wir uns in der Geschäftsführung hatten treiben lassen von der Annahme, schnell handeln zu müssen. Wir glaubten, dass die eine Person, die wir zwar weitgehend passend, aber nicht hundertprozentig überzeugend fanden, uns sonst absagen und zu einem anderen Unternehmen gehen würde. Nach dieser doppelten Pleite bin ich rigoroser geworden. Von da an mussten Personalentscheidungen für mich sehr viel eindeutiger ausfallen. Weniger Kompromisse – auch wenn das bedeutete, ein, zwei Monate länger suchen zu müssen. Das hat mich diese Episode gelehrt.

KAPITEL 8

BESONDERER LIFESTYLE ALS LEISTUNGSKULTUR

IN WELCHEM UMFELD
DER ZUSAMMENHALT
INNERHALB EINES UNTER-
NEHMENS WÄCHST

Bei der Positionierung unserer Marke haben wir sehr darauf geachtet, dass Engel & Völkers stets mit hochwertigen Immobilien und dem absoluten Luxussegment in Verbindung gebracht wird. Entscheidend dafür war die Lage. Wir wollten mit unserer Dienstleistung auf bestimmte Gegenden einer Stadt oder einer Region fokussiert sein. Innerhalb dieser Gegenden gab es dann natürlich die Möglichkeit, auch charmante Ein-Zimmer-Appartments im niedrigeren Preissegment zu vermitteln.

Für die Öffentlichkeit aber haben wir vor allem die Eröffnung von prestigeträchtigen Standorten wie New York City, Paris oder Gstaad, dem mondänen Hotspot in den Schweizer Alpen, medial ausgeschlachtet. Wir wollten bewusst darstellen, dass wir mit unserem Netzwerk an den schönsten Plätzen der Welt zu Hause sind, und haben oft spektakuläre Eröffnungen eines neuen Market Centers oder Immobilien-Shops gefeiert. Die Bilder dieser Partys wurden dankbar von der lokalen, nationalen und internationalen Presse aufgenommen und zeitnah online oder in Zeitungen und Zeitschriften veröffentlicht. Ich habe an unzähligen dieser Events in meiner Funktion als COO und später als CEO teilgenommen.

Die Einweihung unseres neuen Market Centers in Athen gehörte zu den spektakulärsten Feiern, um potenziellen Kunden – sowohl Verkäufern als auch Käufern –, dem Wettbewerb und somit auch den Immobilienberatern vom Wettbewerb sowie Meinungsbildnern aus Politik und Wirtschaft deutlich zu machen: Engel & Völkers ist in diesen Markt eingestiegen und hat den Anspruch, zukünftig zu den Marktführern zu gehören. Zuweilen sind wir unseren sogenannten Suchkundenströmen gefolgt, was nichts anderes bedeutete, als dass wir von unseren Kunden im Netzwerk immer wieder auf Standorte angesprochen wurden und festgestellt haben:

Diese sind für unsere Klientel offenbar sehr attraktiv. Entweder um selbst dort zu leben oder um dort zu investieren.

Topstandorte, aber Franchise braucht auch Volumen

Ein gutes Beispiel war Kitzbühel. Die beschauliche und exklusive Ortschaft in den Tiroler Alpen mit dem legendären Skirennen auf der Streif, dem Hahnenkamm-Rennen, war gerade für unsere Kunden in der Region München interessant. Und so kam es, dass ich zu Beginn meiner Tätigkeit als Zuständiger für die internationale Expansion 2002 eine Lizenz für diesen Standort vergab. Als Partner konnte ich einen ehemaligen Käufer einer wunderschönen Villa in Port d'Andratx aus meiner Zeit auf Mallorca gewinnen. Wolfgang hatte seine Firma verkauft, wollte mit seiner Frau viel Zeit auf Mallorca verbringen und kaufte daher bei mir diese wunderschöne Villa, stellte aber nach einer Weile fest, dass er sich nach einer neuen Aufgabe und einer neuen Herausforderung sehnte. Bei einem Abendessen mit seiner Frau und seinen beiden Töchtern erklärte er mir, dass er ebenfalls Spaß daran hätte, Luxusimmobilien zu vermitteln. So gelang es mir, ihm nicht nur eine Villa zu verkaufen, sondern auch eine Lizenz für Kitzbühel an ihn zu vergeben. Er schrieb in den nächsten 20 Jahren eine enorme Erfolgsgeschichte als Lizenzpartner von Engel & Völkers in Tirol, und aus einem ehemaligen Käufer wurde ein treuer Weggefährte und Freund. Wolfgang verkörperte wie kaum ein anderer den Lifestyle von Kitzbühel und schaffte es, zahlreichen Kaufinteressenten den Traum einer Immobilie in seiner Heimat näherzubringen. Bei jedem Gespräch merkte ich, mit welcher Leidenschaft er die Marke und seinen

Standort vertrat. Leider ist er viel zu früh verstorben, und ich denke oft an die Zeit mit ihm zurück. Wolfgang und seine bezaubernde Frau symbolisierten für mich den idealtypischen Lizenzpartner. Ein Unternehmer durch und durch, mit vollem Einsatz und Leidenschaft dabei. Das zahlte stark auf unsere Markenpositionierung ein.

Aber wir konnten nicht allein von Standorten wie Kitzbühel leben. Wie ich schon bei dem Management-Meeting auf der Finca von Christian nach meinem Einstieg in die Engel & Völkers International GmbH schnell erkannt hatte, braucht ein Lizenzsystem eine kritische Menge an Partnern. Es wurde immer deutlicher, dass der Umsatz nur schnell wächst, wenn wir die Vergabe von Lizenzen und somit die Eröffnung von Standorten mit neuen Immobilienberatern deutlich erhöhten. Um unsere Kosten in der Systemzentrale für die Betreuung und Vergabe von Lizenzen decken sowie in Technologie, Marketing und auch Markenpositionierung investieren zu können, mussten wir auch Gebiete vergeben, die nicht das internationale Flair von Marbella an der Costa del Sol hatten. Was das bedeutet, lässt sich bis heute auf der Webseite von Engel & Völkers nachvollziehen. Wer die Angebote durchsucht, erkennt, dass nicht alles glänzt, was als Gold verkauft wird. Zu dem Portfolio zählten und zählen stets auch günstigere Häuser und Wohnungen, teilweise renovierungs- oder modernisierungsbedürftig, wie etwa eine Zweizimmerwohnung in einem Stadtteil von Essen, die mit der Überschrift »Liebenswert in Rüttenscheid und bereit für eine Modernisierung« angepriesen wird. Oder eine 22-Quadratmeter-Wohnung in Magdeburg, über der steht: »Ein-Zimmer-Apartment als Kapitalanlage zu verkaufen«. An diesen Standorten waren und sind die Quadratmeterpreise natürlich deutlich niedriger als in den guten und Toplagen der Metropolen Hamburg, München oder Berlin. Einen tatsächlich gar nicht unerheblichen Teil unseres

Courtageumsatzes haben wir de facto mit der Vermittlung von Immobilien erwirtschaftet, die mit uns in der Regel nicht verbunden werden, sondern eher den Durchschnitt des Wohnimmobilienmarktes widerspiegelten. National oder international haben wir diese Immobilien wenig bis gar nicht beworben, denn wir wussten, dass der Interessent zumeist aus dem lokalen Umfeld kommt. Zu einer Shop-Eröffnung in einer Kleinstadt im Umland von Köln wurde keine Pressemitteilung an nationale oder internationale Medien verschickt, sondern an die Verlage und TV-Sender aus der Region.

»Grund Genug« – das E&V-Magazin

Um unsere Markenwerte Exklusivität, Leidenschaft und Kompetenz herauszustellen und darüber Aufmerksamkeit zu generieren, sowohl für die hochpreisigen Stadthäuser und Villen als auch für die günstigeren Objekte, war vor allem »Grund Genug« sehr prägend, unser hauseigenes Magazin. In Homestorys erzählte es Geschichten von Eigentümern, die hinter glanzvollen Fassaden lebten. Heute, wo die Inszenierung des Privaten über Social Media jederzeit verfügbar ist, sowohl für Selbstdarsteller als auch für Voyeure, mag das nicht mehr innovativ klingen. Christian Völkers aber erkannte schon Ende der 80er-Jahre, als an das kommerzielle Internet, Smartphones und Apps nicht zu denken war, dass ein gedrucktes Magazin die Neugier vieler Menschen ansprechen könnte, die sehen wollten, wie Luxusimmobilien von innen aussehen und wie Prominente sich einrichten. Mit einem selbst gebastelten Dummy eines solchen Magazins war er bei den Verlagen in Hamburg zunächst nicht erfolgreich. Alle lehnten seinen Vorschlag einer

Zusammenarbeit ab. Daraufhin ging er – wie für ihn typisch – das Projekt selbst an. Er stellte ein Team für die Redaktion zusammen und erhöhte sukzessive die Frequenz. Zunächst erschien eine Ausgabe, dann zwei, schließlich vier pro Jahr. »Grund Genug«, das später bei einem Relaunch in »GG« umbenannt wurde und sich somit auch international vermarkten ließ, stellte mit opulenten Bildern exklusive Immobilien an traumhaften Locations vor, porträtierte die Menschen dahinter und sprach mit Prominenten. In einer der ersten Ausgaben war es Modeschöpfer Karl Lagerfeld, der seine Hamburger Immobilien präsentierte. Um es bekannt zu machen, heuerte E&V junge Frauen an, die sich morgens und abends an den Ausfallstraßen der Hamburger Innenstadt positionierten und es im Stau stehenden Autofahrern überreichten.

Sie trugen, natürlich, weiße Overalls mit E&V-Logo auf dem Rücken. An heißen Tagen verteilten sie zusätzlich zum Heft auch ein Eis. In der Chronik zum 40-jährigen Jubiläum von Engel & Völkers zeichnete ein Abschnitt ausführlich die Entstehung nach, auch weil es gelang, »GG« vor allem über Anzeigen von Luxusmarken in die schwarzen Zahlen zu bringen und das Projekt nach hohen Investitionen zu einem wirtschaftlichen Erfolg zu machen. Auf vier Kontinenten, in sechs Sprachen und 30 Ländern wurde das Magazin 2017 in einer Auflage von 300 000 Exemplaren vertrieben. Heute wird es natürlich auch als digitale Version veröffentlicht, aber: Anders als viele Publikumsmagazine auf dem Markt, die wegen der Social-Media-Konkurrenz und gesunkenen Vertriebs- und Anzeigenerlösen eingestellt werden mussten, existiert es nach wie vor.

Mein Traumobjekt

Mir persönlich fiel es nie schwer, den darin vorgestellten Lifestyle zu leben. Ich hatte immer eine Vorliebe für Architektur und Design. Schon als Jugendlicher blätterte ich mit großer Hingabe die Architektur- und Interior-Design-Magazine durch, die mein Vater als Wochenendlektüre mit nach Hause brachte. Zwar kam ich nicht aus den Elbvororten wie Christian Völkers und Dirk Engel und hatte das Selbstbewusstsein der Vermögenden nicht bereits bei meiner Geburt aufgesaugt. Aber schon vor meiner Bewerbung bei E&V reizte mich die Aussicht darauf, eines Tages eines dieser Objekte, die ich aus den Hochglanzmagazinen kannte, kaufen zu können. Ich glaube, sagen zu können, dass zu Beginn meiner Laufbahn nicht das Geld meine größte Motivation war, sondern die Aussicht auf ein Leben in einer solchen Immobilie. Das führte Ende 2005 beispielsweise dazu, dass ich vom Isekai an der Alster, wo wir bis dato wohnten, in die Elbvororte ziehen wollte – und ich mich finanziell fast übernommen hätte.

Dazu muss man wissen, dass sich beim Wohnen in Hamburg für viele eine Grundsatzfrage stellt. Alster oder Elbe? Die Stadt hat viele schöne Gebiete, aber zu den gefragtesten und teuersten Immobilien gehören die Stadthäuser und Wohnungen in den bevorzugten Lagen rund um die Alster und in den Elbvororten mit der bekannten Elbchaussee oder dem Hochkamp in Nienstedten, einem der größten zusammenhängenden Villengebiete Europas. Genau hier stand auf einmal über E&V Blankenese ein Reetdachhaus zum Verkauf. Davon hatte ich schon seit Jahren geträumt.

Ich wollte, dass unser Sohn – von meiner Tochter wusste ich zu diesem Zeitpunkt noch nichts – mit der ganzen Familie im Garten spielen kann. Allerdings war das Haus für mich damals unerschwinglich und meine Frau ohnehin gegen den Umzug. Sie befürchtete, die aufgebauten Freundschaften zu ihren Freundinnen in der Gegend und auf den Spielplätzen in der Nähe des Isekais im Hamburger Stadtteil Eppendorf aufgeben zu müssen. Mir aber ließ der Gedanke an das Haus keine Ruhe. Also vereinbarte ich einen Besichtigungstermin. Als wir ankamen, lag Schnee. Die Sonne strahlte, die Luft war klar und kalt. Absolutes Verkäuferwetter. Die Eigentümerin öffnete uns die Tür, und ich war sofort in den Bann gezogen. Der Charme des Reets, der Wintergarten, der wunderbar angelegte Garten – genau so hatte ich es mir erhofft. Trotzdem ließ ich mir nichts anmerken. Ich wusste ja, dass jegliche Gefühlsausbrüche bei späteren Preisverhandlungen zu meinem Nachteil sein könnten. Der Ehemann war wenig begeistert von unserem Besuch. Als er erfuhr, dass ihr Sohn gerade mal eine Klasse unter mir in dieselbe Schule gegangen war, verriet mir sein Blick: Du bist doch viel zu jung, du kannst dir dieses Haus ganz bestimmt nicht leisten. Und eigentlich hatte er recht. Mit meinen gerade einmal 28 Jahren war ich mindestens eine Nummer zu klein für diese Anschaffung. Trotzdem ging mir der Gedanke nicht aus dem Kopf, und auch meine Frau war inzwischen einigermaßen überzeugt.

Wir luden die Verkäufer zu uns an den Isekai ein, zu Kaffee und Kuchen, und verdeutlichten noch mal unsere Absicht. Die vertrauensbildende Maßnahme ging auf. Kurz darauf begannen die Preisverhandlungen. Dass das Reetdachhaus schon länger auf dem Markt stand, weil es aus Sicht von Verkäufern gerade eine schwierige Zeit war, wollte ich zu meinem Vorteil nutzen. Und tatsächlich: Wir wurden uns einig. Beim Notar machten wir wenig später alles klar.

Ich glaube, Christian Völkers war ambivalent, ob er meinen Kauf gut oder gar nicht gut fand. »Da hast du dir ja eine schöne ›Vorstandsbude‹ ans Bein gebunden«, hielt er mir ein wenig flapsig vor und spielte darauf an, dass dieser Kauf ein großer Aufschlag sei. Er befürchtete offenbar, dass mich mein Erfolg abheben lassen könnte. Ich sah das anders. Für mich war die Entscheidung eine fast zwangsläufige Folge meiner Identifikation mit dem, was wir bei Engel & Völkers machten und wofür wir stehen wollten. Ich liebte unsere Produkte, privat wie beruflich. Und wenn wir mehr Immobilienberater auf unsere Plattform holen und Lizenzen vertreiben wollten, in Deutschland und Europa, gehörte es dazu, auch persönlich vorzuleben, was wir täglich gegenüber unseren Mitarbeitern, Partnern und Investoren propagierten. Denn wir demonstrierten damit: Es ist finanziell lukrativ, bei uns einzusteigen. Mit dem Segment, das wir bedienen, lässt sich gutes Geld verdienen. Und hatte Christian Völkers diesen Gedanken nicht selbst einst in die DNA des Unternehmens eingeimpft?

Ich muss aber zugeben, dass mich der Umbau des Anwesens an die Grenzen des Machbaren führte. Und als nur wenige Jahre später die Wirtschafts-und Finanzkrise ihren so unerfreulichen Lauf nahm, Engel & Völkers wieder finanziell mit dem Rücken an der Wand stand, ich mit Gehaltsstundungen konfrontiert wurde und der Unterhalt des Anwesens und weitere notwendige Investitionen mich nahezu finanziell ruinierten, entschieden wir uns, das geliebte Anwesen zu verkaufen. Aber irgendwie habe ich mit diesem Verkauf auch einen Teil meiner Seele verkauft. Meine Anteile an E&V waren zu diesem Zeitpunkt nahezu nichts wert, und ich musste einen Weg finden, Liquidität zu schöpfen. Dieses gelang durch den Verkauf, aber das Glücksgefühl, die Eingangstür des Reetdachhauses zu öffnen und in die Eingangshalle zu treten, durch das Mittelzimmer zwischen Wohn- und Esszimmer, durch den Wintergarten auf den wunderschön angelegten Garten zu schauen, dieses Gefühl kam in späteren Immobilien nicht mehr auf.

Der Verkauf zeigte mir aber auch, wie finanziell abhängig ich von der wirtschaftlichen Lage von E&V war. Vielleicht hat mich diese Zeit sogar insofern geprägt, dass ich fortan versucht habe, meine Abhängigkeit von E&V, aber auch von Christian zu verringern. Mir wurde bewusst, wie wichtig es ist, unabhängig zu sein, sowohl finanziell als auch emotional. Nur wenn ich unabhängig bin, kann ich mich klar positionieren, meine Sichtweise auf das Geschäft von E&V auch im Widerspruch zu Christian darstellen und meinem eigenen Wertegerüst treu bleiben.

Die Erweiterung der E&V-Dienstleistungen

Mit den Jahren haben wir unsere Dienstleistungen bei Engel & Völkers sukzessive erweitert. Zum Teil lagen diese nahe an unserem Kerngeschäft, wie etwa Engel & Völkers Resorts. Wir begannen, Ferienobjekte inmitten von hochwertigen Resorts anzubieten. Es waren Apartments, Lodges und Villen, die, um das Ferienfeeling perfekt zu machen, inklusive Concierge- und Maintenance-Services angeboten wurden. Dazu kam die Vermittlung von Schlössern und Herrenhäusern sowie der Bereich Land & Forst. Aber wir gingen noch weiter. 2007 gründeten wir Engel & Völkers Yachting. Wir vermuteten, dass Kunden, die an hochwertigen Immobilien interessiert waren oder solche schon besaßen, auch eine exklusive Yacht kaufen oder chartern wollten. Also berieten wir sie bei der Finanzierung und der Registrierung des Schiffs oder organisierten den Transport zum Liegeplatz und zurück. Später folgte Engel & Völkers Aviation. Darüber konnten Flugzeuge gekauft oder gechartert werden, auch Einzelreisen in einem Privatjet waren buchbar. Die Idee dahinter: Wir wollten auch jenseits unserer Immobilien zu einem

One-Stop-Shop für vermögende Menschen werden, die Inspiration und Hilfe bei ihren exklusiven Anschaffungen benötigten, die sie zum Teil nur einmal in ihrem Leben tätigen.

Nur das Vorhaben, dabei auch auf Kunst zu setzen und Engel & Völkers Fine Arts aufzubauen, blieb eine fixe Idee. Diesen Weg hatten uns die beiden weltweit bekannten Auktionshäuser Sotheby's und Christie's vorgemacht. Zunächst vermittelten beide Auktionshäuser hochwertige Kunst, später unter ihrer jeweiligen Marke auch Immobilien. Nach einigen Überlegungen und Gesprächen kamen wir aber zu der Überzeugung, dass die Vermarktung und Versteigerung von Kunst für uns wahrscheinlich zu viel Zeit in Anspruch nehmen würde und wir uns auf unser jetziges Kerngeschäft konzentrieren mussten, um hieraus in absehbarer Zukunft ein profitables Geschäft machen zu können.

Rom und sein einzigartiges Market Center

Mit Engel & Völkers Fine Arts klappte es nicht, dafür suchten wir für unser Market Center in Rom ein Museum als Bürofläche aus. Zumindest sah es aus wie ein Museum. Es war im Jahr 2014, als David und ich einige Verhandlungsrunden mit unserem Lizenzpartner führten. Wir wollten mit dem Market-Center-Konzept unbedingt in Italien starten und konnten nach den Gesprächen schließlich das Lizenzgebiet in Rom zurückerwerben, um es in unsere neue Struktur zu überführen. Ich unterbrach meine Ferien auf Sardinien, um den ersten Flieger nach Rom zu nehmen und mir möglichst viele Büros anzuschauen. Durch die Market Center in Barcelona, Madrid und Dubai, die wir zu dem Zeitpunkt schon eröffnet hatten, wussten wir, welche Ausstattungsmerkmale eine optimale Fläche für unser Konzept bieten sollte, und natürlich hatte ich diese mit dem zuständigen Team und den Immobilienmaklern in Rom besprochen. Darunter: große Fensterfronten, modernste Infrastruktur für die IT, alles auf einer Ebene beziehungsweise auf einer Etage und so weiter.

Vom Flughafen aus ging es sofort in die Innenstadt, wo David und die Lizenzpartner schon warteten, um mir verschiedenste Objekte zu präsentieren. Durch Rom zu fahren, fühlte sich für mich an, wie durch ein riesiges Freiluftmuseum geführt zu werden. Mondäne Gebäude, malerische Parks und immer wieder kulturelle Highlights. Leider konnten die ersten Büros nicht mit der Ästhetik anderer Stadtpaläste mithalten. Sie waren funktionell ausgelegt. Putzfassaden, Stahlkonstruktionen, Fensterfronten und lange Korridore – auf dem Papier erfüllten sie zwar die meisten Kriterien, hatten aber keinen Charme. Der Funke sprang nicht über. Bei keiner Besichtigung hatte ich Lust, mich intensiver mit den Räumen auseinanderzusetzen.

Beim Lunch versuchte ich zu erklären, worum es mir ging – woraufhin das Team mich vor dem nächsten Termin warnte. Das Büro würde noch nicht einmal die Minimalanforderungen erfüllen. Wir gingen durch einen großen Torbogen und standen in einem imposanten Innenhof eines Stadtpalastes und blickten auf eine eher klein wirkende Eingangstür auf der linken Seite. Die Maklerin erwartete uns bereits. Ich folgte ihr über eine schmale Treppe mit vielen Stufen auf die erste Ebene des Gebäudes – und stand auf einmal in einem prachtvollen Spiegelsaal mit unzähligen Fresken. Stumm und staunend stand ich da und versuchte, sämtliche Details aufzunehmen. Von außen wirkte der Palast fast schmucklos, aber bei jedem weiteren Schritt war ich von der Eleganz und Schönheit mehr angetan.

So stellte ich mir das Leben und Arbeiten in Rom vor. Holzparkettböden, Kamine, Marmoreinfassungen um die Türen und Gemälde in goldverzierten Rahmen schmückten die weiteren Räume. Ich genoss jede Minute der Besichtigung. Der einzige Haken: Wie sollten wir hier eine Struktur für bis zu 300 Immobilienmakler aufbauen?

Die Räume waren beeindruckend und repräsentativ. Für eine halbwegs zeitgemäße IT-Verkabelung waren sie allerdings nicht ausgelegt. Ich stellte viele Fragen zur Miete und den technischen Gegebenheiten. Es gab Tausende Gründe, warum wir gar erst nicht darüber nachdenken sollten, hier einzuziehen. Aber ich war schockverliebt. Ich bat darum, uns sämtliche Unterlagen schnellstmöglich zur Verfügung zu stellen, damit wir eine Prüfung der Fläche vornehmen konnten. Auf dem Weg zum Flughafen rief ich Christian an und erzählte ihm von meinen Erlebnissen in Rom. Bei seiner Liebe zur Eleganz und Ästhetik wusste ich, dass er die Prüfung auf jeden Fall befürworten würde.

Mit der Unterzeichnung des Mietvertrags ein paar Wochen später entstand das vielleicht spektakulärste Zuhause für unsere Immobilienberater im Netzwerk von Engel & Völkers. Der Kontrast zwischen den unzähligen originalen Fresken und Stilelementen und den fast puristisch wirkenden Büromöbeln mit ihren Flachbildschirmen hätte nicht größer sein können. Für mich war das eine architektonische Meisterleistung. Und es war ein Statement, das noch mal unterstrich, wie wir uns sehen lassen wollten und selbst verstanden.

Events als Erfolgstreiber

So herausragend, wie das war: Für die Kultur innerhalb des Unternehmens und den Zusammenhalt unter den Kolleginnen und Kollegen hatte allerdings nichts eine so große Bindungskraft wie die Events und die legendären Partys, die wir gefeiert haben. Das ging schon in den Gründungstagen los, weit bevor ich zu dem Unternehmen stieß. Anfang der 80er-Jahre, als Dirk Engel und Christian Völkers noch in ihrer Büro-Villa in der Elbchaussee 414 saßen, war das Geld zwar knapp, weil das Geschäft noch nicht richtig angelaufen war. Aber an der Vermarktung wollten sie trotzdem nicht sparen. Mit einer Mischung aus jugendlicher Naivität und unternehmerischer Selbstüberhöhung luden sie Hamburgs Society zu einer ersten Cocktailparty ein – oder zumindest den Teil, den sie kontaktieren konnten. Sie fuhren groß auf und wiesen alle Mitarbeiterinnen und Mitarbeiter an, im Kostüm beziehungsweise im dunklen Anzug mit Seidenkrawatte zu erscheinen. Dirk Engel ließ sich eine Brille anfertigen, um, wie er glaubte, seriöser zu wirken; dass in seinem Gestell bloß Fensterglas steckte und er keine Sehschwäche hatte, erwähnte er nicht. Die Party glückte. Hamburgs Gesellschaft kam oder konnte anschließend in der Zeitung lesen, was sie verpasst hatte. Und das zog neue Aufträge nach sich. Fortan lautete das Motto: »Work hard, play hard.« Es ging darum, sich selbst und das Unternehmen als begehrenswert zu inszenieren und anderen zuzurufen: Von dieser Welt willst du ein Teil sein. In Vollendung gelang das später mit dem jährlichen Engel & Völkers Polo Cup auf »Son Coll«, der privaten Finca von Christian Völkers auf Mallorca. Zu dem dreitägigen Turnier kamen in der Spitze 700 Gäste pro Turniertag aus aller Welt, die die Begegnungen von der Seitenlinie aus verfolgten, an langen gedeckten Tafeln und unter weißen

Zelten. Und alle in Weiß gekleidet. Bei diesen Veranstaltungen wurden keine Kosten und Mühen gescheut, und es konnte auch schon mal vorkommen, dass Roger Hodgson spielte, der legendäre Frontman von Supertramp.

Zugegeben: Events wie diese haben provoziert. Engel & Völkers sei eine Sekte, wurde uns von Außenstehenden schon in der Anfangszeit und auch viele Jahre später noch nachgesagt, weil wir uniform und wie von einem Führer gelenkt agieren würden. Mich hat dieser Vorwurf nie wirklich gestört. Ich sah vielmehr die Vorteile dieser besonderen Unternehmenskultur. Im Stadtbild und bei Messen konnte man uns sofort erkennen, und im Unternehmen führte das Gemeinschaftsgefühl zu einer geringen Fluktuation und einer absolut höheren Motivation. Die Marke und die Unternehmenskultur machten es möglich, dass viele Personen bei E&V arbeiten wollten, ob als Immobilienberater, in Stabsbereichen in der Unternehmenszentrale oder auch als Lizenzpartner. Und deshalb ließen wir kaum eine Gelegenheit aus. Ob auf Mallorca, bei unserer »EVX«-Konferenz in den USA, den legendären Weihnachtsfeiern, dem »Top Agent Event« zum Beispiel in Paris, Rom oder Athen oder bei den »E&V Days« in Wiesbaden – wir waren sehr gut darin, die Vertriebserfolge und andere Anlässe bei Engel & Völkers gebührend zu feiern. Die Vermittlung von Immobilien basiert auf der Vermittlung von Informationen. Und wenn man möchte, dass viele Informationen ausgetauscht werden, muss man Menschen zusammenbringen. Davon waren wir immer überzeugt und haben bei der Organisation im Vorfeld weder Kosten noch Mühe gescheut.

Viele Unternehmen würden von sich behaupten, eine lebendige Unternehmenskultur zu haben. Wir hatten sie wirklich, und sie war uns viel wert. Gepaart mit dem Optimismus, alles aufs Unternehmertum zu setzen – heute würde man von »Entrepreneurial

Team Event in Los Cabos, Mexico

Spirit« sprechen: Das war der Motor unseres Erfolges. Und dafür brauchten wir in allen unterschiedlichen Phasen, während unserer geschäftlichen Höhenflüge, aber gerade auch während unserer Tiefpunkte, eine wichtige Konstante: Wir brauchten Persönlichkeiten, die bereit waren, unserem Weg zu folgen, etwas ganz Besonderes aufzubauen.

KAPITEL 9

STEUERFAHNDUNG, TRENNUNG UND ANDERE HERAUSFORDERUNGEN

WIE ES MIR GELANG, KRISEN ZU MEISTERN UND DEM DRUCK STANDZUHALTEN

Im Frühjahr 2004 flogen Christian Völkers und ich nach Budapest. Wir hatten in den letzten Monaten mit potenziellen Lizenzpartnern intensiv verhandelt und waren zu einem Meeting verabredet, um die letzten offenen Punkte des Vertrags über eine Masterlizenz für fünf Länder in Zentral-Osteuropa zu verhandeln. Im Vorfeld hatte ich mehrmals mit potenziellen Kandidaten in Ungarn und der Slowakei gesprochen, jetzt wollten wir die Entscheidung treffen. Beim Frühstück vor dem Treffen gingen wir beide noch mal die Konditionen für die Abgabe der Masterlizenz durch. Die Immobilienmärkte in der Region waren damals im Aufwind, und es war uns wichtig, unser Netzwerk hier zu erweitern. Als wir gerade das Hotel verlassen hatten und in Richtung des Stadtzentrums von Budapest fuhren, klingelte Christians Handy. Seine Assistentin Sabine war dran. Er sprach kurz mit ihr, dann reichte er mir sein Handy.

Im Visier der Steuerfahndung

Sabine klang aufgeregt, und ich merkte sofort, dass etwas vorgefallen sein musste. Fast schon panisch sagte sie, die Steuerfahndung sei im Haus, mit drei Personen! Und sie würden nicht nur Zugang zu meinem Büro verlangen, sondern auch zu meiner Privatwohnung. Ich hörte Sabine zwar, aber irgendwie erreichten mich ihre Worte nicht. Ich war verblüfft und entsetzt. Wie konnte das sein? Warum ich? Ich fragte noch einmal nach, ob es sich wirklich um mich als Person handelte oder es etwas mit E&V zu tun hatte. Eine Vielzahl von Gedanken schossen durch meinen Kopf. Ich war doch gerade erst von Spanien wieder nach Hamburg gezogen, hatte eine Wohnung gekauft, meinen Wohnsitz ordnungsgemäß angemeldet und eine Familie gegründet; unser Sohn war gerade mal ein paar Monate alt. Sabine versicherte mir, dass es sich um mich als Person handelte und ich schnellstmöglich den Zugang für die Steuerfahndung zu meinen privaten Räumlichkeiten organisieren müsse. Wir legten auf. Die nächsten Schritte führte ich beinahe wie fremdgesteuert durch. Ich musste jetzt funktionieren und durfte mir keine Fehler erlauben. Weil ich meine Frau nicht erreichen konnte, rief ich in meiner Not meinen Vater an und bat ihn, die Steuerfahnder in unsere Wohnung zu lassen. Später erfuhr ich, dass noch weitere Beamte bei meinem Steuerberater waren, um auch dort Unterlagen zu beschlagnahmen. Als mich meine Frau zurückrief, war sie völlig aufgelöst, weinte und fragte, wie es denn jetzt weitergehen solle? In dem Moment musste ich zugeben, dass ich das auch nicht wusste.

Christian und ich führten die Verhandlungen in Budapest zu Ende und flogen dann wieder zurück. Es war unglaublich schwer, mit den Gedanken bei unseren Gesprächen zu sein. Trotzdem glaube ich, dass unsere Verhandlungspartner nicht gemerkt haben, womit ich gerade konfrontiert war. Auch wenn es fast unmöglich ist, so ein Ereignis auszublenden, schaffte ich es irgendwie, mich auf die Masterlizenz zu fokussieren und sie zu einem erfolgreichen Abschluss zu bringen.

Vier Jahre sollte es schließlich dauern, bis der Fall abgeschlossen und auch für die Ermittler bewiesen war, dass ich mir nichts hatte zuschulden kommen lassen. So lange verdächtigen sie mich, während meiner Zeit auf Mallorca illegalen Geschäften nachgegangen zu sein. Dass ich als junger Mann vergleichsweise viel Geld verdient und dieses in Deutschland zum Teil für den Erwerb einer Wohnung investiert hatte, war für sie jedenfalls nicht plausibel. Deshalb gingen sie der Sache gründlich und mit großem Aufwand nach. Christian reagierte gelassen auf den Vorwurf. »So ein Besuch der Steuerfahndung zeigt doch nur, dass deine Zeit auf Mallorca ziemlich erfolgreich gewesen sein muss«, sagte er. Er machte mir sehr schnell deutlich, dass er überhaupt nicht an mir zweifelte. Ich glaube, er konnte sehr gut nachempfinden, wie ich mich gefühlt haben muss, und stellte sich demonstrativ an meine Seite. Dieses Vertrauen machte mir deutlich, wie sehr wir in den letzten drei Jahren geschäftlich und freundschaftlich zusammengewachsen waren. Wir vertrauten einander, und wir passten in gewisser Form aufeinander auf. Natürlich haben in der Unternehmenszentrale in Hamburg viele Mitarbeiter und Mitarbeiterinnen diesen Vorfall mitbekommen und sprachen über mich. Bestimmt gab es auch den einen oder anderen, der behauptete, das mit Svens Werdegang und seinem Erfolg auf Mallorca sei ihm immer schon komisch vorgekommen. Aber mit solchen Kommentaren konnte ich gut umgehen. Ich wusste: Christian steht zu mir.

Nun war es auch nicht so, dass mich die Anschuldigungen durchgehend um den Schlaf gebracht haben, wie an jenem ersten Tag, als ich auf Geschäftsreise war und mich ziemlich hilflos fühlte. Nachdem ich mir mit meinem Steuerberater, der E&V-Buchhaltung und den Anwälten einen Überblick über die Lage verschafft hatte, war ich mir bald sicher, keinen Fehler begangen zu haben. Erst recht keinen, der meine private und berufliche Zukunft gefährden würde. Aber wie immer in so einem laufenden Verfahren: Es bleiben Restzweifel. So unerklärlich, wie es für mich war, dass das Finanzamt zu Beginn überhaupt zu dem Schluss kam, mich durchleuchten zu müssen, konnte ich bis zum Ende des Verfahrens nicht ausschließen, dass noch irgendeine unliebsame Wendung auf mich zukommen könnte. Die daraus resultierende Unsicherheit, die man mit sich trägt, kostet nicht nur Geld und Zeit. Sie frisst auch

Energie. Energie, die man gerne anderweitig investieren würde. Ins Unternehmen und neue Projekte oder in die persönliche Regeneration nach einer stressigen Phase.

Meine Anhörung in einem anderen Rechtssystem

Eine andere ungeplante Belastung und unliebsame Erfahrung kam im Juni 2015 auf mich zu, als ich zu einer gerichtlichen Anhörung nach New York zitiert wurde. Die Klage war ursprünglich schon vier Jahre zuvor eingereicht worden, konnte aber erst jetzt verhandelt werden. Für mich ging es im Kern um die Frage, ob ich in meiner Funktion als damaliger CEO und President der Engel & Völkers America Holding das Einverständnis für die Anmietung einer bestimmten Ladenfläche als Shop gegeben hatte. Was im Nachhinein banal klingen mag, machte mich vor Ort ziemlich nervös. Es war das erste Mal, dass ich persönlich mit dem Rechtssystem der USA konfrontiert wurde. Unsere Anwälte hatten mich in den Tagen zuvor gut vorbereitet und mir mehrmals erklärt, ich solle sämtliche Fragen nur mit »Yes«, »No« oder »I can't remember« beantworten. Es war ihnen wichtig, dass ich nur kurz und knapp auf die Fragen einging und keine weiteren Aspekte erläuterte oder versuchte, mich zu rechtfertigen.

Am Tag der Verhandlung begleitete mich unser Anwalt zum Gericht in Manhattan. Dort angekommen, wurde ich zu meinen Personalien befragt, eine Dame im Hintergrund tippte in atemberaubender Geschwindigkeit alles in Steno auf einer Art Schreibmaschine mit. Ich nahm jeden ihrer Anschläge sehr genau wahr, als ob mein Ohr direkt auf der Tastatur lag. Ich war angespannt und zugleich darum bemüht, mir meine Anspannung nicht anmerken zu lassen. Eine richterliche Anhörung, dazu noch auf Englisch und nicht in meiner Muttersprache, da wollte ich voll konzentriert sein, um auf jeden Fall alles richtig zu verstehen und somit auch die richtigen Antworten zu geben. Mir gegenüber saßen die beiden Rechtsanwälte der Gegenparteien sowie der ehemalige Lizenzpartner. Über Stunden wurde ich zu den Ereignissen und dem Lizenzvertrag mit dem ehemaligen Partner befragt und versuchte, mich sehr diszipliniert an die Anweisungen meiner Anwälte zu halten. Eigentlich ist man ja immer dazu geneigt, sich rechtfertigen zu wollen und ausführlich darzustellen, wie sich die betreffende Angelegenheit aus der eigenen Sicht darstellt. Ich hielt mich jedoch an das Briefing und beantwortete einen großen Teil der Fragen tatsächlich mit »Yes«, »No« oder »I can't remember«.

Nach einer ganzen Weile wurden mir Fragen zu einem früheren Besuch bei dem Lizenzpartner gestellt. Wir sollen, so die Darstellung der Gegenseite, gemeinsam durch die Stadt gefahren sein, wobei mir der Lizenzpartner angeblich viele meiner Fragen in Bezug auf den Immobilienmarkt und das lokale Umfeld beantwortet haben soll. Dann hätten wir uns die Umgebung des anzumietenden Ladenlokals angeschaut, und ich hätte Fragen zum Mietvertrag gestellt. An viele dieser Behauptungen konnte ich mich nicht mehr im Detail erinnern. Mein Anwalt, der sich bisher kaum geäußert hatte, fragte mich, wann und wie lange dieser Besuch denn zeitlich ablief. Auf der Gegenseite herrschte kurze Zeit Uneinigkeit über das genaue Datum meines Besuchs. Dann wurde ein Datum an uns kommuniziert, das ich bestätigen sollte. 2011 hatte man noch nicht alle Termine elektronisch im Kalender eines Smartphones verbucht. Ich beispielsweise hatte eine doppelte handschriftliche Kalenderführung. Meine damalige Assistentin führte einen Kalender, und ich hatte einen zweiten Kalender. Alle Termine wurden handschriftlich in die beiden Kalender eingetragen. Das klingt aus heutiger Sicht antiquiert, funktionierte zu dem Zeitpunkt aber sehr gut. Im Gerichtssaal schlug ich meinen Kalender aus dem Jahr des angeblichen Besuchs auf und suchte den mutmaßlichen Tag heraus. Interessanterweise stand bei mir, dass ich genau an jenem Tag Termine in Monaco auf der dortigen Yachtshow hatte. Auf die Kernfrage, ob ich also an diesem Tag das Einverständnis zur Anmietung des Ladenlokals mündlich erteilt hätte, antwortete ich mit einem klaren Nein. Weitere Angaben machte ich nicht, ließ also nicht durchblicken, dass ich mit hoher Wahrscheinlichkeit gar nicht in den USA gewesen war in den betreffenden Stunden, sondern in Monaco. Ich ließ noch Dutzende weitere Fragen über den Ablauf des Besuchs und andere lizenzrechtliche Dinge über mich ergehen, bevor die Anhörung zu Ende ging. Danach vereinbarte ich mit meinem Anwalt, die Flugtickets und die Hotelrechnung aus Monaco schnellstmöglich nachzuliefern. Dann hatte ich es hinter mir. Und die Gegenseite hatte verloren.

Immer auf Achse

Es gab viele Jahre, in denen ich an 270 Tagen unterwegs war. Rein in den Flieger, raus aus dem Flieger, über mehrere Zeitzonen hinweg, heute Asien, morgen USA, danach Besuche in europäischen Ländern, immer der Bestrahlung ausgesetzt, die diese Art des Reisens mit sich bringt. Schlechte Laune gab es trotz dieser Strapazen bei mir nicht. Ich habe immer versucht, optimistisch ins Büro zu kommen, ganz im Bewusstsein meiner Rolle. Ich wollte stets vorangehen, die anderen mitziehen und eine positive Stimmung verbreiten. »Auf geht's!«, habe ich häufig gesagt, etwa um Meetings zu starten, wenn alle noch in privaten Zweiergesprächen vertieft waren. Ich wollte signalisieren: Lasst uns was anpacken, lasst uns gemeinsam was voranbringen.

Ein Vorteil war gewiss, dass ich früh Karriere machen konnte. Ich war noch nicht mal Mitte zwanzig, als ich schon unzählige Staaten besucht hatte und den Alltag eines Topmanagers führte. In dem Alter ist man nicht nur neugierig und voller Tatendrang, sondern auch physisch in der Lage, so ein Pensum zu bewältigen. Wäre dieses Leben erst mit 40 oder später auf mich zugekommen, ich hätte vermutlich häufiger innehalten und mir eine Auszeit nehmen müssen. Ein zweiter Vorteil: Mir hat meine Tätigkeit wahnsinnig viel Spaß gemacht. Wie die Batterie eines Autos, die sich beim Fahren auflädt, konnte ich aus dem, was ich täglich machte, und den Leuten, mit denen ich mich umgab, Kraft schöpfen. In der Regel fühlte es sich nicht so an, als würde sich mein Akku leeren und ich ihn durch Freizeitaktivitäten wieder aufladen müsste. Ich musste nicht lange regenerieren. Ausgiebige Spaziergänge mit unserem Hund George, bei denen ich zwei, drei Stunden lang unterwegs war, reichten. Wenn ich am Elbufer entlanglief, ging ich in Gedanken kommende Gespräche durch und legte mir meine Worte für die nächsten Tage zurecht. Ich machte vieles mit mir selbst aus.

Das Privatleben leidet

Zum Sport gehen, sich mit Freunden auf ein Bier treffen, eine Geburtstagseinladung wahrnehmen – das alles war oft nicht möglich. Waren wir als Familie in den Ferien, habe ich die Tage ebenfalls meistens am Telefon verbracht. Bleib doch zu Hause, dann können wenigstens wir Spaß haben, hielten mir meine Frau und meine

Kinder irgendwann vor. Sie hatten recht. Und trotzdem fiel es schwer, mich anders zu organisieren. Zum einen, weil ich vieles auf mich zugeschnitten hatte bei Engel & Völkers und ich mich mit meinem Pflichtbewusstsein verantwortlich fühlte. »Frag Sven«, hieß es häufig in der Unternehmenszentrale, wenn eine unbeantwortete Frage aufkam – und dann wurde ich kurzerhand angerufen. Wo und warum ich gerade unterwegs war – egal. Es wurde ignoriert. Zum Teil auch deshalb, weil ich es so vorgelebt und signalisiert hatte: Ich bin für euch da, rund um die Uhr. Ich fühlte mich immer als Dienstleister für mein Management. Später bin ich dazu übergegangen, Slots anzubieten für alle, die der Meinung waren, während meiner Ferientage nicht ohne meinen Input auskommen zu können. Das waren zum Beispiel zwei Zeitfenster am Tag, etwa morgens von 9 bis 11 und nachmittags von 17 bis 19 Uhr, um am Telefon die drängendsten Themen anzusprechen. Das hat zu meiner Erholung beigetragen.

Bei Notfällen konnte ich allerdings nicht damit argumentieren, jetzt dringend eine Auszeit nehmen zu müssen. So wie im Frühjahr 2019. Meine Frau, unsere Tochter und ich waren gerade in Dubai, als die Unternehmenszentrale eine gut gemeinte Aktion zum Weltfrauentag nicht gut genug umsetzte. Die Idee war, auf starke, beeindruckende Frauen aufmerksam zu machen, unter ihnen sowohl die damalige Bundeskanzlerin Angela Merkel, die Widerstandskämpferin Sophie Scholl und YouTube-CEO Susan Wojcicki als auch Mütter und Großmütter unserer Vorstandsmitglieder sowie Immobilienberaterinnen von Engel & Völkers. Das Problem: Der erste Social-Media-Post dieser geplanten Kampagne, der über Twitter rausging, war bebildert mit einem Foto des E&V-Vorstands – und zeigte also ausschließlich fünf Männer, die auf dem Dach der damals neuen Unternehmenszentrale standen, mich eingeschlossen.

Frauen? Waren weit und breit nicht zu sehen. Im Vorstand gab es zu dem Zeitpunkt auch keine.

Die Reaktionen waren eindeutig. Sie waren verheerend. Nicht nur, dass sich in den sozialen Medien in Windeseile ein Shitstorm über uns zusammenbraute. Auch klassische Medien wie die Nachrichtenagentur dpa, die TV-Talkshow »Hart, aber fair«, die »Rheinische Post« oder das »Magazin für Kommunikation« griffen unsere Aktion als exemplarisch dafür auf, wie ignorant und gedankenlos sich deutsche Unternehmen, die überwiegend von weißen, mittelalten Männern geführt werden, gegenüber Frauen verhalten. Österreichs bekannter Anchorman Armin Wolf kommentierte unseren Beitrag ebenso wie die Autorin und Influencerin Sophie Passmann – und mein Telefon stand nicht still. Wir hatten uns selbst einen schweren Reputationsschaden zugefügt, und Mitarbeiter, Geschäftspartner und die Gesellschafter wollten nun Antworten auf die Frage haben, wie so ein Fehler passieren konnte und warum wir unseren Laden nicht im Griff haben. Ich war sehr kurz davor, meine Ferien abzubrechen. Ärgerlich war der Fehler auch deshalb, weil es leicht gewesen wäre, ihn zu vermeiden. Wir hatten uns zu dem Zeitpunkt nämlich bereits darauf verständigt, mit Paloma die erste Frau in den Vorstand zu berufen. Die Spanierin hatte das Market Center in Madrid eröffnet und zum Erfolg geführt – künftig sollte sie für uns als Chief Operating Officer die Implementierung sämtlicher Standards in den Büros und die Erschließung neuer Märkte verantworten.

Paloma zeichnete sich durch ihre enormen Kenntnisse des Systems und der damit verbundenen Prozesse aus. Es tat uns als Vorstand sehr gut, eine Frau und dazu noch eine Spanierin im Vorstand zu haben. Ihre Sichtweise auf ganz bestimmte Dinge und Ereignisse führte zu neuen Diskussionsansätzen, und auch die Zusammenarbeit mit dem Aufsichtsrat wurde aus meiner Sicht deutlich geschmeidiger. Wenn vorher bei bestimmten Themen der Ton doch ein wenig rauer war, hatte ich das Gefühl, mit der Anwesenheit von Paloma wurden die Wortbeiträge einzelner Aufsichtsratsmitglieder respektvoller.

Für die Kampagne rund um den Weltfrauentag war vereinbart, dass sie ebenfalls vorgestellt werden sollte. Nur: Unter ihrem Vorstandsvertrag fehlte noch die Unterschrift, wir hatten ihre Beförderung noch nicht kommuniziert – und dann wurde die Social-Media-Aktion versehentlich ohne sie gestartet. Nur: All das nützte uns hinterher nichts mehr. Diese Erklärungen nachzuschieben, hätte den ursprünglichen Fauxpas wohl kaum wettgemacht.

Immerhin: Am Ende konnte ich in Dubai bleiben. Nach zahlreichen Beratungen entschuldigten wir uns via Twitter am nächsten Tag dafür, dass unser Beitrag sein Ziel verfehlt hatte, Frauen in den Vordergrund zu rücken, und dass uns das außerordentlich leidtat. In den folgenden Tagen nahm die Aufregung wieder ab. Die User im Netz richteten ihre Aufmerksamkeit, die wir uns in ganz anderer Form erhofft hatten, auf andere Themen. Erholt habe ich mich in den Tagen allerdings nicht, Zeit mit meiner Familie konnte ich auch nicht verbringen. Und es dauerte noch mehrere Wochen, bis uns bei externen Gesprächen keiner mehr auf die missratene Aktion ansprach und sie auch bei uns in der Unternehmenszentrale auf den Fluren und beim Mittagessen kein Thema mehr war.

Wie weit ich den Raubbau an meinem Körper trieb, merkte ich zunächst nur punktuell. Wenn wir mit der Familie an die Elbe gingen, weil unser Hund dort gerne ins Wasser sprang, legte meine Frau am Strand immer eine Decke für uns aus. Ich brauchte nur ein paar Minuten, und schon war ich – unabsichtlich – eingeschlafen, um unter freiem Himmel nachzuholen, was ich nachts mal wieder versäumt hatte. Deutlicher waren die Signale, als wir im Hamburger Polo Club ein Oktoberfest feierten. Ich kam gerade aus den USA und war erschöpft, wollte aber trotzdem nicht bloß mit einem stillen Wasser am Rande stehen und allen anderen beim Tanzen zuschauen. »Work hard, play hard« – an diesem Motto hatte sich für uns und für mich nichts geändert, und was anderes hätte ich ehrlich gesagt auch nicht gekonnt. In dieser Nacht bekam mir das allerdings gar nicht. Als ich rausging, um nach ein paar Drinks und Einlagen auf der Tanzfläche frische Luft zu schnappen, brach ich auf dem Rasen nebenan zusammen. Mit einem Rettungswagen ging es ins Krankenhaus und dort nach einer Untersuchung in die Ausnüchterungszelle. Zusammen mit einem Obdachlosen. Als eine Ärztin am nächsten Morgen nach mir sah, muss ich keinen guten Eindruck auf sie gemacht haben. Ob ich einen festen Wohnsitz hätte, wollte sie wissen, als sie mich betrachtete. Als ich dies mit Ja beantworten konnte, durfte ich mir ein Taxi rufen und nach Hause fahren. Dass ich am Nachmittag zu einem Barbecue eingeladen war, ein Termin, der halb privat, halb geschäftlich war, passte mir gar nicht. Absagen konnte ich allerdings auch nicht mehr.

Auf zum Kilimandscharo

Eine tatsächliche Auszeit, die mich vollends von meinem Tagesgeschäft ablenkte und die Möglichkeit der Reflexion bot, habe ich nur einmal genommen. Ob ich eine Tour rauf zum Kilimandscharo machen wolle, den mit knapp 6000 Metern höchsten Berg Afrikas, wurde ich 2011 von zwei Kollegen bei E&V Capital gefragt. Ich hatte keinen blassen Schimmer, was eine solche Gipfelbesteigung bedeuten würde. Aber da ich mich zu dem Zeitpunkt ausgebrannt fühlte, nahm ich das Angebot dankend an. Die Truppe war ein bunter Haufen, mit einem ehemaligen Spitzensportler, Leuten aus der Fondsbranche, einem Unternehmensberater, einem Marketingprofi und einer Frau aus der Reisebranche. In Tansania angekommen, bezogen wir unser Quartier für zwei Tage und lernten uns gegenseitig besser kennen. Am Abend vor der Abfahrt zum Berg kam eine kleine Gruppe Schweizer dazu und erzählte von ihren Erfahrungen. Einer von ihnen hatte es gerade zum vierten Mal versucht, war aber leider wieder gescheitert. Als wir den Fuß des Kilimandscharo erreichten, wurde mir bewusst, welche Tourismusindustrie sich hier gebildet hatte. Unzählige sogenannte »Guiding Crews« warteten auf ihre Kundschaft, um beim Aufstieg zu helfen und die Ausrüstung für die Gruppen zu schleppen. 30 000 Menschen versuchten zu dieser Zeit jedes Jahr, den Berg zu erklimmen, erfuhr ich, doch nicht allen gelang es auch. Viele bekamen den Gipfel gar nicht zu sehen, weil die sogenannte Bergkrankheit zu Kopfschmerzen und Übelkeit führen kann und ein Weitermarschieren unmöglich macht. Um das zu verhindern, sollten wir langsam gehen, sehr viel trinken und regelmäßig Pausen machen. Wie wichtig dieser Ratschlag war, erfuhren wir schnell. Schon vor der ersten Nacht musste eine Teilnehmerin aussteigen. Die Bergkrankheit hatte sie erwischt.

Unsere Route führte durch tropischen Wald, eine Art Moorlandschaft und Geröllwüsten. Nur Steine, so weit das Auge reichte. Die Gespräche wurden kürzer und auf das Nötigste reduziert, in den Pausen habe ich so viel Tee getrunken wie noch nie. Die letzte Nacht vor dem Aufstieg zum Gipfel verbrachten wir in einem Basecamp mit einer befestigten Holzhütte, in der wir abends gemeinsam essen konnten. Nach dem Aufstehen um vier Uhr morgens

Mit den zwei Kollegen der E&V Capital AG am Gipfeltag

setzte ich meine Stirnlampe auf, dann ging es im Gänsemarsch hinter dem Guide her, sehr langsam, Schritt für Schritt. Um die Monotonie zu durchbrechen, setzte ich mir Kopfhörer auf und hörte Songs von Justin Timberlake. Dann, nach ein paar Stunden, ging die Sonne auf. Natürlich hatte ich schon vorher Sonnenaufgänge gesehen. Aber dieser war besonders. Er färbte den Berg in ein weiches Licht, und man konnte hinunter bis zur Steppe schauen. Erst jetzt bekam ich ein Gefühl für die Höhe. Ich hielt inne, blickte den Bergrücken hinunter und bekam auf einmal Panik. Ich hatte keine Kopf- oder Bauchschmerzen wie andere, rang jedoch nach Luft. Ohne Absprache lief ich runter, hielt an einem Felsen und riss mir die Kleidung vom Oberkörper. Ich bildete mir ein, so besser atmen zu können. Während eine andere Truppe achtlos an mir vorbeimarschierte, kam unser Guide zu mir. Ich versuchte, meine Atmung zu beruhigen, trank etwas und signalisierte ihm, dass alles in Ordnung sei. Danach lief es besser als zuvor. Wir holten unsere Truppe ein und erreichten wenig später den höchsten Punkt des Kilimandscharo. Dort, in 5895 Meter Höhe, überwältigte mich alles. Ich musste weinen. Die härteste Prüfung stand uns aber noch bevor: der Abstieg. Jeder einzelne Schritt schmerzte, meine Kniescheiben brannten fürchterlich. Ich sah Personen, die von ihrem Guide wie ein Sack über der Schulter hinuntergetragen wurden, mit zusammengebundenen Beinen. So schlimm war es bei uns in der Gruppe zum Glück nicht. Die Müdigkeit und der Muskelkater hätten nach der Reise aber nicht größer sein können.

Die Trennung von meiner Frau

Privat und geschäftlich war auch die Phase im Frühjahr 2020 herausfordernd. Nach der Rückkehr von der »EVX«, unserer jährlichen Konferenz in den USA, musste ich die Folgen managen, die die Coronapandemie bei uns im Unternehmen hinterlassen hatte. Zum gleichen Zeitpunkt zog ich zu Hause aus. Das hatte sich zuvor bereits angekündigt, da ich seit Monaten schon im Gästehaus auf unserem Grundstück wohnte, wenn ich in Hamburg war. Aber jeder, der schon einmal eine Trennung von seiner Frau oder seinem Mann und vor allem von seinen Kindern durchlebt hat, weiß, welche Emotionen das auslöst und welche Wunden das reißt. Mein

Fazit in dem Moment lautete, dass ich gescheitert war. Beruflich hatte ich vieles erreicht – privat aber einen Scherbenhaufen hinterlassen. In meinen schlaflosen Nächten hinterfragte ich mich und meine Entscheidung immer wieder. Ich hatte eine andere Frau kennengelernt, und selbst wenn sie nicht der Grund für das Scheitern meiner Ehe war: Es war zumindest der Auslöser für die Trennung und den Auszug aus dem gemeinsamen Haus.

Die durch Corona verursachten Einschränkungen brachten es mit sich, dass ich die meiste Zeit allein in meinem Büro in der neuen Unternehmenszentrale in der HafenCity saß. Ich absolvierte unzählige Videokonferenzen und versuchte, mein Team zusammenzuhalten und zu motivieren. Sie alle brauchten meine Unterstützung. Ich musste ihnen Halt und Orientierung geben – benötigte privat allerdings selbst Halt und Orientierung. Ich vermisste meine Kinder sehr und fühlte den Schmerz, den ich ihnen zugefügt hatte. In Meetings und in Zweiergesprächen hatte ich immer, wenn Menschen in meinem Umfeld resignierten, erklärt, dass wir doch keine Opfer sind und selber das Heft des Handelns in unseren Händen halten. Jetzt wollte und durfte ich mich nicht selbst in diese Opferrolle begeben. Ich hatte mich für die Trennung und einen neuen Lebensabschnitt entschieden. Nun musste ich auch mit den Konsequenzen leben. Irgendwie gelang es mir, mich auf die Belange meiner Ansprechpartner zu konzentrieren und ihnen Kraft und Zuversicht zu geben. Ich glaube, dass mir bei Engel & Völkers in dieser Zeit keiner anmerkte, was mich privat bewegte. Ich stand immer für einen gewissen Optimismus, und gerade jetzt war es vonnöten, diesen auszustrahlen. Ich durfte mich auf keinen Fall hängen und meine E&V-Familie im Stich lassen, die verunsichert, zum Teil sogar hilflos war.

Im Dauerkrisenmodus und trotzdem optimistisch

Wie das gelingen kann, hatte ich zum Teil schon einige Jahre vorher gelernt und erprobt – gezwungenermaßen. Es war die Zeit zwischen 2007 und 2013, als eine Finanzkrise die Weltwirtschaft in Atem hielt. Diese Phase muss man sich noch mal vergegenwärtigen, denn heute höre ich aus der Immobilienbranche vielfach, dass die jüngste Inflation und die Zinsen seit dem russischen Angriffskrieg auf die Ukraine beispiellos sind und wir die denkbar schlimmste Krise durchleben. Das stimmt nicht. Wer das sagt, war damals entweder nicht dabei oder hat die Ereignisse wieder verdrängt. Anders als jetzt waren die Märkte in den Jahren ausgetrocknet, Finanzierungen so gut wie nicht möglich. Investoren, Institute und private Anleger fürchteten um ihre Sicherheiten und Ersparnisse, es herrschte blanke Panik. Bei einer der wichtigsten Immobilienmessen Europas, der Expo Real in München, Anfang Oktober 2008 waren viele dunkle Tücher zu sehen statt herausgeputzter Messestände. In den Jahren zuvor nutzten die Immobilienprofis noch die Chance, erst auf dem Oktoberfest und anschließend sich selbst und ihre Branche auf der Messe zu feiern. Jetzt war die Stimmung sehr gedämpft. Die wenigsten Menschen dachten an einen Immobilienkauf, ganz egal ob Wohn- oder Gewerbeimmobilie.

Welche tragischen Folgen das haben konnte, mussten wir bei einem Partner mit ansehen, der in Großbritannien in eine unserer Masterlizenzen investiert hatte. Er war mit seinen Geschäftspartnern sehr stark an Gewerbeimmobilien in London und anderen Teilen Englands beteiligt und hatte vor der Wirtschafts- und Finanzkrise prächtig von steigenden Mieteinnahmen und höheren

Immobilienpreisen profitiert. Die starke wirtschaftliche Schieflage nahm ihm sein gesamtes Hab und Gut. In London hatte er mich zuvor häufiger am Flughafen Heathrow von seinem Fahrer standesgemäß im Bentley abholen und zu einem Meeting in sein Büro oder ein Restaurant chauffieren lassen. Auf Mallorca hatten wir wunderschöne Stunden bei inspirierenden Gesprächen auf seiner Finca verbracht. Jetzt aber verlor er alles innerhalb kürzester Zeit. Seine Familie brach auseinander, die Finca kam unter den Hammer, und er starb einsam und verlassen in seinem Auto, in dem er zum Schluss über Monate hinweg in Palma de Mallorca gelebt hatte. Niemand aus seiner Familie oder seinem Freundeskreis konnte ihn retten.

In Deutschland hatten viele Menschen so viel Angst um ihre Ersparnisse, dass sich Bundeskanzlerin Angela Merkel und Finanzminister Peer Steinbrück gezwungen sahen, vor die Kameras zu treten und zu erklären: »Wir sagen den Sparerinnen und Sparern, dass ihre Einlagen sicher sind. Auch dafür steht die Bundesregierung ein.« In dem Moment versuchten die beiden, was mir im kleineren Rahmen im Unternehmen auch immer wichtig war: zu akzeptieren, dass man Rückschläge und Schicksale irgendwann zwangsläufig erlebt und dann schauen sollte, wie man auf sie reagieren kann. Denn das kann man steuern.

Für Engel & Völkers habe ich in der Krise auch eine Chance gesehen. Selbst wenn Immobilienmärkte wie zum Beispiel die Region Dubai, die vor Beginn der Wirtschafts- und Finanzkrise zu den am stärksten nachgefragten bei den Investoren im E&V-Netzwerk gehörte, innerhalb von wenigen Wochen sprichwörtlich zusammenbrachen, war ich überzeugt, dass E&V die Verunsicherung bei Käufern und Verkäufern, aber auch gerade bei allen im Immobilienbereich Tätigen nutzen musste, um Marktanteile zu gewinnen. Jetzt brauchten Verkäufer, Käufer, die Immobilienberater und Lizenzpartner einen starken Partner. Antizyklisch drehten wir den Hahn zur Vermarktung unseres Lizenzproduktes in der Immobilienvermittlung auf. Wir erhöhten die Anzahl der Vertriebler im Lizenzvertrieb deutlich und konnten die Aktivitäten erst in Spanien und später auch in Portugal und Italien steigern, wo das Transaktionsvolumen zuvor sehr stark zurückgegangen war. Wir konnten unsere Netzwerke in den einzelnen Ländern deutlich ausbauen und eröffneten zahlreiche Standorte mit hochmotivierten Lizenzpartnern. Wir hatten nicht nur Durchhaltevermögen gezeigt, sondern ein neues Kapitel aufgeschlagen. Es gelang uns, den Umsatz im Wohnbereich von Jahr zu Jahr zu steigern. Ein anderer positiver Effekt war, dass wir unser Management und unsere Mitarbeiterinnen und Mitarbeiter halten und sogar einige Talente gewinnen konnten, die später deutlich zum weiteren Erfolg beitrugen.

KAPITEL 10

CORONA, MISSTRAUEN UND REKORDUMSÄTZE

MEIN BITTERSÜSSER ABSCHIED VON ENGEL & VÖLKERS

Während der Coronapandemie brach unser Geschäft massiv ein, wie bei so vielen anderen Unternehmen auch. Die ersten Monate der Pandemie bestanden für mich deshalb darin, alle und alles so gut wie möglich zusammenzuhalten. Als das Geschäft ganz vorsichtig wieder anlief, zahlte es sich auf einmal aus, dass wir vor dem Ausbruch von Covid-19 in den Rückkauf von Lizenzen investiert hatten und somit über eine hohe Zahl eigener Büros verfügten. Sie sollten, so stellte sich etwas später heraus, eine entscheidende Rolle beim Courtage- und Gewinnwachstum spielen. Christian aber wollte das nur halbherzig anerkennen. Er isolierte sich während der Pandemie sehr stark. Unser Austausch, der ohnehin nicht mehr so intensiv wie einst war, ließ weiter nach. Ich erwartete mir mehr Anerkennung von ihm, da ich offenbar das richtige Gespür bewiesen hatte, wie wir als Unternehmen mit der Krise umgehen mussten. Tatsächlich aber kam von ihm nur wenig. Stattdessen schwebte ihm ein radikaler Schwenk der Ausrichtung vor. Sehr oft musste ich mir anhören, dass ich ihn bei seinen Bemühungen, eine digitale Plattform aufzubauen, nicht ausreichend unterstützen oder gar behindern würde. Christian stellte sich eine Plattform vor, bei der Personen durch das gezielte digitale Ansteuern seitens der Technologieplattform in die Lage versetzt werden, den überwiegenden Teil der Prozesse autark umzusetzen. Autark bedeutete, dass die Digitalisierung Personen und Ansprechpartner ersetzen würde. Ich verstand sein Vorhaben zwar, war aber der Meinung, dass wir noch nicht in der Lage waren, diese Veränderung zu skalieren.

Der Bruch mit Christian Völkers

Das Ende unserer Beziehung wurde an einem der ersten warmen Frühlingstage in Hamburg im Jahr 2021 eingeläutet. Christian hatte mich zu ihm nach Hause zum Lunch eingeladen. In seinem Garten war ein Tisch für uns zwei vorbereitet worden, und wir setzten uns hin, nachdem ich seine Familie begrüßt hatte. In den Wochen zuvor hatte ich mich erneut nicht richtig verstanden, bisweilen sogar angegriffen gefühlt. Immer wieder hatte ich mich rechtfertigen müssen. Aus meiner Sicht hätte man die sehr herausfordernde Zeit der weltweiten Pandemie mit ihren Auswirkungen auf unser Geschäft kaum besser managen können, und die harten Fakten sprachen eine eindeutige Sprache. Der Courtageumsatz steigerte sich von Woche zu Woche, und die Hochrechnungen deuteten an, dass wir erstmals in der Geschichte von Engel & Völkers mehr als eine Milliarde Euro Courtageumsatz in einem Geschäftsjahr erzielen würden. Daran war vor ein paar Jahren noch nicht im Ansatz zu denken. Als ich sieben Jahre zuvor zum Co-CEO berufen wurde, lag der Courtageumsatz bei 300 Millionen Euro. Und trotzdem musste ich mir immer wieder Bewertungen von irgendwelchen Tech-Plattformen anhören, die natürlich aufgrund ihres Geschäftsmodells anders bewertet wurden. Ich war müde, mental ausgebrannt, hinter mir lagen Wochen und Monate mit höchster Anspannung, um das Unternehmen durch die Pandemie zu führen. Sehr schnell drehte sich unser Lunch wieder um das Thema der zukünftigen Ausrichtung und meine Positionierung innerhalb des Unternehmens. In den letzten Monaten war ich immer wieder damit konfrontiert worden, dass ich zwar ganz gut ein vom Geschäftsmodell her eher traditionelles Maklerunternehmen führen könnte, aber nicht den komplett digitalen Plattformansatz verstehen und unterstützen würde. Natürlich konnte ich einzelne Ansätze der Möglichkeiten einer digitalen Plattform nachvollziehen, aber für mich waren wir in vielen Bereichen noch nicht so weit, diesen Ansatz jetzt radikal zu verfolgen und als nächsten Schritt zu etablieren. Das Powerplay zwischen uns beiden um die zukünftige Ausrichtung konnte so nicht mehr weitergehen. Aus meiner Sicht brauchten wir eine neue Konstellation, ein neues Set-up auf Gesellschafterebene, um Klarheit über die Ausrichtung zu schaffen. Sehr schnell drehte sich unser Gespräch wieder um inhaltliche Punkte zur Ausrichtung.

Ich aber wollte darüber nicht sprechen. Stattdessen ging ich in die Offensive. Fast ohne Emotionen erklärte ich, dass ich meine Anteile verkaufen wolle.

Ich hatte mir diesen Schritt lange überlegt und war mir inzwischen sicher, ihn gehen zu müssen. Ich erklärte Christian sehr offen meine Gründe und wie ich die künftige Ausrichtung sah. Dieses Mal versuchte er nicht, mich von seiner Sicht zu überzeugen, sondern erklärte nur, dass auch andere Aktionäre an einem Verkauf ihrer Anteile interessiert seien. Christian sagte, dass er mit den anderen Aktionären sprechen wolle, um die Lage zu sortieren.

Wir beendeten unseren Lunch, und ich fühlte mich schon fast befreit. Ich verabschiedete mich und machte einen ausgedehnten Spaziergang an der Elbe.

Der Verkauf der Unternehmensanteile

In den nächsten Tagen leiteten wir den Prozess zum Verkauf von Anteilen des Unternehmens ein. Auch andere Gesellschafter hatten das Gefühl, dass wir als Team eine erfolgreiche Reise hinter uns hatten und jetzt ein idealer Zeitpunkt für eine Veränderung wäre. Es wurden namhafte Rechtsanwälte und M&A-Berater für den Due-Diligence-Prozess beauftragt. Ein solcher Prozess ist immer eine Herausforderung in einem Unternehmen. Auf der einen Seite möchte man so wenig Personen wie möglich involvieren, um möglichst keine Unruhe in den Teams aufkommen zu lassen. Auf der anderen Seite braucht man aber Spezialisten aus den verschiedenen Bereichen für die Vorbereitung und Umsetzung der Transaktion. Damit verbunden war ein Auf und Ab der Gefühle. An einigen Tagen sah es so aus, als ob eine Transaktion nicht zustande kommen würde – und am nächsten Tag sah es wieder positiv aus. Leider schafften es Christian und ich in dieser Zeit nur sehr selten, uns sachlich auszutauschen und abzustimmen.

Anfang August sollte es so weit sein. Die Verträge konnten geschlossen werden. Trotzdem war bis zur letzten Minute des Notartermins nicht klar, ob der Deal wirklich zustande kommt. Immer wieder erklärten die Rechtsanwälte, dass noch nicht alle Punkte endgültig gelöst seien. Um ein wenig Ruhe zu finden, flog ich nach Palma de Mallorca. Es gab nichts mehr, was ich beisteuern konnte. Und Geduld und Abwarten gehörte nie zu den größten Stärken von mir. Ich war es gewohnt, selbst Dinge zu gestalten und nicht wie jetzt auf einen Anruf zu warten. Ich nahm den ersten Flieger um sechs Uhr morgens – am Abend dann bekam ich die sehnsüchtig erwartete Nachricht. Der Deal war durch. Meine Freude war grenzenlos. Unser Glaube an etwas Großes hatte sich ausgezahlt. In der Pressemitteilung, die von vielen Leitmedien wenig später zitiert wurde, hieß es: »Im Jahr 2021 verzeichnet die Engel & Völkers Gruppe die beste Umsatzentwicklung aller Zeiten. Der weltweite Umsatz stieg in einem Jahr um 39 Prozent auf 1,27 Milliarden Euro. Es wurden Immobilien im Gesamtwert von rund 40 Milliarden

Euro vermittelt gegenüber 27 Milliarden Euro im Vorjahr. Alle Hauptbereiche wachsen: Die Wohnsparte Engel & Völkers Americas verzeichnete ein Plus von 54 Prozent im Vergleich zu 2020. Spanien, Portugal und Andorra wuchsen um 77 Prozent. Auch Italien mit einem Wachstum von 55 Prozent und die traditionellen Märkte erwiesen sich als günstig: Deutschland, Österreich und die Schweiz steigerten den Umsatz um 12 Prozent.« Die Zahlen waren eine Genugtuung für mich, eine Bestätigung des Erfolgs.

Mit seiner Übernahme der Mehrheit an Engel & Völkers veränderte der neue Gesellschafter viele gewohnte Strukturen und Abläufe. Neue Ansprechpartner kamen ins Spiel und wollten im Detail verstehen, warum wir als Management und gerade ich als CEO bestimmte operative und strategische Dinge eingeleitet und vorangetrieben hatten. Zahlreiche externe Berater begannen, unsere Prozesse und Strukturen zu analysieren. Christian nahm seine Rolle und Funktion als Vorsitzender des Beirats an, und ich führte als Sprecher der Geschäftsführung, als Global CEO, wie es auf meiner Visitenkarte jetzt hieß, die Geschäfte. Anders als in der Vergangenheit gelang es uns gar nicht mehr, an einem Strang zu ziehen. Die Auseinandersetzung über die strategische Ausrichtung und der Verkauf der Anteile hatten endgültig zum Bruch geführt. Die drei Vorstände und Weggefährten Kai, Paloma und Thilo hatten das Unternehmen verlassen. Ich bekam neue Ansprechpartner in der Geschäftsführung und verbrachte viel Zeit damit, diese einzuarbeiten und mit unserer Kultur vertraut zu machen.

Die nächste Krise

Kurz nach der Übernahme brach der fürchterliche Angriffskrieg Russlands auf die Ukraine aus. Von einem auf den anderen Tag veränderte sich die Sicherheits- und Wirtschaftslage in Deutschland und Europa. Eine Folge davon: ein historisch gesehen einmalig schneller Anstieg der Zinsen bei der Baufinanzierung. Von unter einem Prozent schnellten sie in Richtung vier Prozent. Die Nachfrage nach Immobilien nahm deutlich ab. Der Druck auf das Management und speziell auf mich wuchs nahezu täglich. Umsatzprognosen mussten revidiert werden, und die Planung des nächsten Geschäftsjahres 2023 stellte sich als sehr herausfordernd dar. Ich hatte schon einige Krisen bei E&V gemanagt und wusste, wie ich das Unternehmen in dieser Krise stabilisieren und stärken würde. Ich wollte investieren, unsere Lizenzpartner und eigene Büros durch schnelles, entschlossenes Handeln unterstützen und so gegen den Trend Marktanteile gewinnen. Ich diskutierte stundenlang, aber die Gesellschafter und der Beirat konnten oder wollten mich nicht voll unterstützen. Nach einer kurzen und heftigen Diskussion bezeichnete mich Christian als »Zwangsoptimisten«. Es ist wahr, dass ich in den Tagen sehr optimistisch aufgetreten bin, weil ich glaubte, aus meiner Vergangenheit Lehren für die Zukunft ableiten zu können, und das bei unseren Townhall Meetings oder anderen internen Veranstaltungen auch so vertrat. Allerdings konnte ich darin keinen Zwangsoptimismus erkennen. Ich wollte mich von der Krise nur nicht in eine Opferrolle drängen lassen. Im Nachhinein betrachtet muss man bilanzieren, dass der große Einbruch bei uns ausblieb.

Mein Abschied von Engel & Völkers

Im Sommer 2023 verbrachte ich meine Ferien auf meiner Finca auf Mallorca. Dort fiel die Entscheidung, dass ich künftig nicht mehr als CEO von Engel & Völkers agieren wollte. Ich informierte alle notwendigen Personen und verhandelte nach meiner Rückkehr die letzten offenen Punkte. Im September unterzeichnete ich die Aufhebungsvereinbarung meines Vertrags. Die Mitteilung, dass ich als CEO ausscheiden und in die neu geschaffene Rolle als Präsident wechseln würde, wurde abgestimmt und Mitte September an das weltweite Netzwerk von Engel & Völkers versandt. Ein paar Monate später gab ich auch diese Position auf. Damit ging dieser Lebensabschnitt endgültig zu Ende. Nach mehr als 27 Jahren war ich kein Teil des Unternehmens mehr.

Bei meiner Abschiedsrede im November 2023 war das Atrium der Unternehmenszentrale in der HafenCity restlos gefüllt. Es war ein sehr bewegender Moment. Einige der über 200 Anwesenden kannten mich seit meinem Start als Auszubildender, viele waren für mich nicht bloß Kollegen, sondern enge Wegbegleiter geworden oder sogar Freunde. Ohne ihren unermüdlichen Einsatz, ihre Unterstützung, die unzähligen vertrauensvollen Gespräche und auch ihr ehrliches Feedback hätte ich meine Karriere nie hinlegen können. Mein Erfolg war auch ihr Erfolg. Ich hatte das große Glück, Menschen zu treffen und auch Menschen neu an mich zu binden, die in ganz unterschiedlichen Rollen dazu geführt haben, dass ich meinen eigenen Managementstil entwickeln durfte. Während meiner Zeit wurde ich oft gefragt, ob ich nie in der Versuchung sei, mal etwas anderes, etwas Neues auszuprobieren. »Warum sollte ich?«, habe ich stets geantwortet. Hier durfte ich gestalten und mich entfalten. Hat es mich gestört, dass mein Name nicht auf der

Fassade eines Gebäudes stand? Nein, gar nicht. Ich habe auch so ausreichend Anerkennung bekommen.

Am Ende meiner Rede, in der ich vor allem über Beziehungen und wenig über Wachstumsraten und Courtageumsätze sprach, ging ich ausführlich auf mein besonderes Verhältnis zu Christian ein. Wir beide wussten, dass dieser Tag das Ende einer Ära und somit auch der endgültige Schlussstrich unter unserer Zusammenarbeit war. Nach meinen Worten umarmten wir uns noch einmal fest. Ein paar Sekunden lang standen wir still da. Wäre eine Stecknadel auf den Boden des Atriums gefallen, man hätte sie ganz bestimmt gehört. Es gab Zeiten, da hätten wir uns sehr schwer vorstellen können, jemals getrennte Wege zu gehen. Jetzt ging es nicht mehr anders. Hätten wir den Bruch verhindern können? War es gekränkte Eitelkeit, mangelnde Wertschätzung oder fehlender Respekt zum Ende unserer Partnerschaft? Würden wir ohne Corona noch immer zusammenarbeiten?

Mit dem heutigen Abstand glaube ich, dass die Pandemie ein Beschleuniger war, aber nicht die Ursache dafür, dass wir uns in unterschiedliche Richtungen bewegt haben. Mehr als zwei Jahrzehnte lang haben wir zusammengehalten und waren immer in der Lage, trotz unterschiedlicher Positionen und mitunter harter Debatten das Wohl des Unternehmens in den Vordergrund zu stellen. Wenn wir öffentlich auftraten, ob bei Gesellschafterversammlungen, Aufsichtsratssitzungen oder anderen Meetings, waren wir abgestimmt und vermittelten Einigkeit und Zusammenhalt. Wenn ich als CEO alleine sprach, und das zu den verschiedensten Gruppen, konnte ich immer mit voller Überzeugung auftreten und jedem das Gefühl geben, dass Christian hinter meiner Entscheidung und meinem Führungsstil stand. Als die ersten fundamentalen Unterschiede in unseren Auffassungen über die künftige Ausrichtung des Unternehmens sichtbar wurden und sich nicht mehr wegdiskutieren ließen, war es vorbei mit diesem bedingungslosen Rückhalt. Und damit auch mit meiner Gewissheit, alle Mitarbeiter in die eine, in die richtige Richtung steuern zu können. Das, was Christian für den aus seiner Sicht nächsten Quantensprung suchte und brauchte, konnte und wollte ich nicht bieten. Ich hatte mich emanzipiert. Ich hatte endgültig meine eigene Vorstellung davon entwickelt, wofür ich im Unternehmen stehen wollte und welche Ausrichtung ich als künftig erfolgversprechend hielt. Und: Ich wollte nicht mein größtes Asset gefährden – mein Verständnis davon, wie man mit Menschen umgeht und sie führt.

Es ging nicht darum, dass ich womöglich nicht in der Lage gewesen wäre, eine erneute Veränderung zu akzeptieren. Dieser Wille, den ich über all die Jahre immer hatte, war ungebrochen. Aber weil das Band zwischen uns gerissen war, stellte sich diese Frage gar nicht mehr. Ich habe sehr oft versucht, mich gedanklich in die Lage meiner CEOs in den Auslandsgesellschaften zu versetzen. Hätten sie, meine Partner, ohne das Gefühl, dass ich zu hundert Prozent hinter ihnen stehe, weitergemacht? Oder wäre es zwangsläufig zu einer Trennung gekommen? Ich bin mir meiner Antwort auf diese Frage ziemlich sicher.

Im Nachhinein bin ich mit voller Überzeugung zu dem Ergebnis gekommen, dass bei mir die Freude über das Gewesene überwiegt – und nicht die Trauer über dessen Ende. Hätte mir jemand zu Beginn meiner Selbstständigkeit auf Mallorca prophezeit, dass ich von meinem damaligen Schritt, den ich in den ersten Monaten so sehr bereute und verfluchte, in den kommenden Jahren so sehr profitieren und darauf eine Karriere aufbauen würde, ich hätte nichts davon geglaubt. Es war ein ganz und gar unwahrscheinlicher Weg.

DANKSAGUNG

Ohne den Anstoß meines Beraters Joachim hätte ich dieses Buch nicht geschrieben. Er war es, der mich dazu aufforderte – und sei es auch nur, um meine Geschichte meiner Familie und ein paar engen Freunden erzählen zu können. Beim Schreiben waren manche Erinnerungen noch sehr präsent, andere fielen mir erst später wieder ein. In den 27 Jahren meiner Reise ist viel passiert. Die Welt und damit auch meine Geschäftswelt haben sich verändert. Neue Technologien kamen dazu und erhöhten die Geschwindigkeit deutlich. Weltpolitische und wirtschaftliche Herausforderungen haben meine Handlungen geprägt und mich manchmal zurückgeworfen. Beim Schreiben stellte ich aber fest, dass diese Phasen meistens ein Anlauf dafür waren, um künftig weiter nach vorne zu springen.

Ich möchte mit diesem Buch nicht belehren. Es ist keine Karriereanleitung. Jedes Unternehmen und jede Konstellation ist anders und lässt sich kaum vergleichen. Ich habe selbst viele Biografien und Autobiografien über und von Unternehmern, Führungskräften und anderen Persönlichkeiten aus Politik, Wirtschaft und Sport gelesen. Über die darin beschriebenen Ansätze, Sichtweisen oder Rituale habe ich häufig nachgedacht und mich davon inspirieren lassen. Sie haben meinen Horizont erweitert. Sollte mir das mit meinem Buch ebenfalls gelingen, hätten sich alle Mühen gelohnt.

Danken möchte ich meinen Eltern, die mir in meinem jungen Alter vertraut und mich auf dem Weg in meine Selbstständigkeit unterstützt haben. Ohne ihre Hilfe wäre mein Weg so nicht möglich gewesen. Vielleicht wäre es ein anderer geworden, aber ganz bestimmt nicht dieser!

In Christian Völkers habe ich einen perfekten Mentor gefunden, von dem ich viel lernen konnte. Dafür bin ich ihm sehr dankbar. Lieber Christian: Wir hatten unsere Zeit. Uns ist etwas gelungen, was sehr viele für nicht möglich gehalten haben. Das kann uns keiner nehmen.

Ich hatte großes Glück, viele tolle Menschen bei meiner Reise um mich herum zu haben. Vorstandskollegen, Mitarbeiter, Lizenzpartner und Immobilienberater. Ich bin ihnen unendlich dankbar. Denn ohne all diese Personen wären mein Weg, meine Karriere und damit auch mein Erfolg niemals möglich gewesen. Einige Wegbegleiter habe ich im Buch erwähnt, und auf diese Personen konnte ich mich immer verlassen. Sie waren für mich meine Familie. Meine E&V-Familie.

Liebe Philine, als meine Assistentin hast Du mir jahrelang den Rücken freigehalten und meinen Berufsalltag bestmöglich organisiert. Dafür ein großes Dankeschön.

Es gibt noch so unendlich viele Personen, die es verdient hätten, namentlich genannt zu werden. Ich schätze weiterhin alles, was ihr für den Erfolg des Unternehmens und auch für mich getan habt. Ihr seid mein Ansporn gewesen, täglich zu versuchen, wieder einen Schritt nach vorne zu kommen und dabei alle mitzunehmen. Die Gespräche und das Teilen von Glücksmomenten und Erfolgen mit euch fehlen mir.

Ein ganz großes Dankeschön geht natürlich auch an meine Lebensgefährtin Tina. Oft habe ich mich zum Schreiben stundenlang zurückgezogen. Nicht immer habe ich dir dann die Aufmerksamkeit geschenkt, die du eigentlich verdienst. Danke für die Unterstützung und Rücksichtnahme.

Besonders freue ich mich, dass ich mit diesem Buch etwas an meine drei Kinder Felipe, Maxine und Carlos geben kann, was ihnen einen Einblick in mein Berufsleben ermöglicht. Ich bin wahnsinnig glücklich und stolz, euer Vater sein zu dürfen.

Ein solches Buch schüttelt man nicht ganz allein aus dem Ärmel. Ich möchte mich besonders bei Sven Murmann und Lukas Becker vom Murmann Verlag für ihre Unterstützung bedanken.

Ebenfalls möchte mich ganz herzlich bei dem Fotograf Frank P. Wartenberg für die tolle Zusammenarbeit bei der Erstellung des Titelfotos bedanken.

Als Quelle für die Recherche des Buches diente unter anderem »The Story of a Brand – Die Chronik zum vierzigjährigen Jubiläum von Engel & Völkers«.

Danke, dass Sie sich als Leser Zeit genommen haben und ich Sie auf meine Reise mitnehmen durfte. Das bedeutet mir sehr viel!

Bibliografische Information der Deutschen Nationalbibliothek
Die Deutsche Nationalbibliothek verzeichnet diese Publikation in der Deutschen Nationalbibliografie; detaillierte bibliografische Daten sind im Internet über http://dnb.de abrufbar.

Fotos: © privat
Umschlagfoto: Frank P. Wartenberg, Hamburg
Druck und Bindung: CPI books GmbH, Leck
Printed in Germany

ISBN 978-3-86774-826-1

Besuchen Sie uns im Internet: www.murmann-verlag.de
Ihre Meinung zu diesem Buch interessiert uns!
Zuschriften bitte an info@murmann-publishers.de
Den Newsletter des Murmann Verlages können Sie anfordern unter newsletter@murmann-publishers.de

Carl-Auer

Systemische Therapie und Beratung

In den Büchern der Reihe zur systemischen Therapie und Beratung präsentiert der Carl-Auer Verlag grundlegende Texte, die seit seiner Gründung einen zentralen Stellenwert im Verlag einnehmen. Im breiten Spektrum dieser Reihe finden sich Bücher über neuere Entwicklungen der systemischen Arbeit mit Einzelnen, Paaren, Familien und Kindern ebenso wie Klassiker der Familien- und Paartherapie aus dem In- und Ausland, umfassende Lehr- und Handbücher ebenso wie aktuelle Forschungsergebnisse. Mit den roten Bänden steht eine Bibliothek des systemischen Wissens der letzten Jahrzehnte zur Verfügung, die theoretische Reflexion mit praktischer Relevanz verbindet und als Basis für zukünftige nachhaltige Entwicklungen unverzichtbar ist. Nahezu alle bedeutenden Autoren aus dem Feld der systemischen Therapie und Beratung sind hier vertreten, nicht zu vergessen viele Pioniere der familientherapeutischen Bewegung. Neue Akzente werden von jungen und kreativen Autoren gesetzt. Wer systemische Therapie und Beratung in ihrer Vielfalt und ihren transdisziplinären und multiprofessionellen Zusammenhängen verstehen will, kommt um diese Reihe nicht herum.

Tom Levold

Herausgeber der Reihe *Systemische Therapie und Beratung*